연금처럼 근육 리셋

백 세까지 건강한 노후 보장하는 근육테크 기술

연금처럼

홍정기
지음

근육 리셋

EBS BOOKS

Prologue

20대부터 시작하는 100세 인생 근육투자

나이가 들수록 움직임에 대한 욕망은 커집니다. 움직임이 젊음의 특권처럼 생각되어서 그럴까요? 아마 갖지 못한 것, 잃어버린 것에 대한 아쉬움 때문일 겁니다. 반면 젊을 때는 자신의 몸이나 활동력을 인지할 겨를이 없습니다. 활동력은 왕성한 데 반해 일상에 쫓겨 나를 돌아볼 시간이 없죠. 나이가 들면서 몸이 예전 같지 않다는 걸 느낄 때쯤 비로소 움직임을 인지하게 됩니다.

우리가 잊고 있었던 근육의 슈퍼 파워

그래서 우리는 '이동성 내재 역량'에 관심을 가져야 합니다. 기대수명은 100세를 넘어서고 있는데 70세부터 다리가 떨려 집에 틀어박혀 있을 수는 없으니까요. 이동성 내재 역량은 쉽게 말해 내가 원할 때 오로지 내 힘으로 원하는 곳에 가고, 세상 속에서 활기차게 부딪치며 지낼 수 있는 힘을 가리킵니다. 그 힘의 원천은 무엇일까요? 바로 근력입니다. 숨을 쉬고 음식을 먹고 걷고 뛰고 새로운 영역에 도전하는 용기 역시 근력에서 나옵니다.

하지만 젊을 때는 이 모든 것을 당연하게 누리기 때문에 잃어버리기 전에는 절대 깨닫지 못합니다. 은행 잔고처럼 운동하지 않아도 몸에 근력이 쌓여 있는데, 그 사실을 모른 채 세월을 흘려보내며 근육을 탕진합니다. 그러다 결국 몸이 허약해지고 통증에 시달리며 질병에 걸리게 되지요. 지금 혹시 비만으로 힘들어하고 있습니까? 가장 좋은 비만 프로그램은 근육을 살리는 것입니다. 고혈압, 당뇨, 고지혈증 등 대사성 질환으로 고통받고 있나요? 근육이 개선시킬 수 있습니다. 나이 들어 노쇠하고 매사에 힘이 듭니까? 이제라도 근력 운동을 시작해야 합니다. 건강한 근육이 이 모든 문제를 해결할 수 있는 레이스의 출발점입니다.

잔고가 남아 있을 때 시작해 평생 누리는 근육투자

반갑게도 청년들을 중심으로 몸에 대한 관심이 늘고 있습니다. 따로 시간을 내서 운동하는 이들이 전보다 훨씬 많아졌고, 젊고 아름다운 순간을 담을 수 있는 보디 프로필 촬영에 대한 관심도 뜨겁습니다. 하지만 이들은 과연 무엇을 위해 운동하는 걸까요? 그저 자랑하고 싶은 몸을 위해 잘못된 방법으로 움직이면서 몸을 혹사시키는 건 아닐까요? 우리가 운동하는 진짜 이유, 운동을 해야 하는 진짜 목적을 잊으면 잘못된 결과를 불러올 수밖에 없습니다.

오랫동안 운동을 하고, 가르치고, 훈련시키는 사람으로서 저는 언제나 그 부분이 안타깝습니다. 오지랖 넓다는 핀잔을 듣더라도 해주고 싶은 말이 참 많습니다. 방향만 살짝 바로잡으면 정말 아름답고 건강한 몸을 만들어 100세까지 황금알을 낳는 거위처럼 함께할 수 있으니까요. 이제라도 근육 잔고를 지키는 쪽으로 방향을 살짝 틀어보길 바랍니다. 탄탄하고 건강한 근육 잔고가 쌓여 있을 때 정신을 바짝 차리고 체계적으로 관리하면 그 혜택이 복리로 불어나 평생 즐겁게 누릴 수 있습니다.

삶을 건강하게 이끄는 힘은 근육에서 나옵니다. 한자리에 오래 앉아 있어도 전혀 불편하지 않고, 쉼 없이 걸어도 쉽게 지치지 않으려면, 또 언제 어디에서든 빛나는 자신감을 얻으려면 지금 바로 근육투자를 시작해야 합니다. 질 좋은 근육에 대한 투자가 질 좋은 삶을 만든다는 사실을 빨리 깨닫고 근육이 약해지기 전에 관리를 시작해야 성공할 가능성이 커집니다.

이 책은 인체와 인생에서 근육이 얼마나 중요한 역할을 하는지 상세히 서술하며, 복리 효과를 톡톡히 누릴 수 있는 근육투자의 기술을 전수합니다. 또 내 몸에 맞는 운동법을 찾는 방법까지 자세히 다루고 있습니다. 근육에 대한 올바른 이해로 시작해 평생 근력을 얻을 수 있는 운동법을 실천하기까지, 모든 과정을 여러분과 함께하고 싶습니다. 이 책을 만나는 모든 독자가 건강한 각성을 통해 근육투자의 승자가 되기를 기원합니다.

운동과학 박사 홍정기

Contents

PART 2

근육이 가난한 자들이 겪는 고통

PART 3

근육투자 효과 극대화하는 복리의 기술

근육에 흉터를 남기는 근육투자 5적

PART 4
평생 근육 장착을 위한 실전 근육투자 A to Z

잃어버린 근육 되살리는 6가지 전략

내 몸에 맞는 근육투자법 찾기

지속 가능한 근육투자 습관 만들기

PART 5

평생 근력 만드는 최강의 근육 트레이닝

생존 근육 키우는 부위별 근력 운동

M

PART 1

당신의 근육에 투자하라

저축보다 힘센
근육투자 입문

STEP 1

근육은 호르몬 밸런스를 잡아주는 스위치다

근육이 나를 살린다. 의아하게 생각할 수 있지만 우리 몸은 근력, 즉 근육이 내는 힘이 있어야 살아갈 수 있다. 근육은 뼈를 보호하는 동시에 뼈를 잡아당겨 몸을 움직일 수 있게 하는 인체 조직이다. 한마디로 인체는 근육을 통해 움직이고, 그 움직임으로 근육이 다시 강화된다. 신축성 있는 가늘고 긴 세포 형태의 근육은 머리끝부터 발끝까지 인체를 싸고 있는 거대한 기관으로, 인간이 삶을 영위하게 만드는 중요한 축이다.

움직이고 이동할 수 있게 만드는 힘

근육의 가장 큰 기능은 움직임이다. 이곳에서 저곳으로 이동할 수 있게 하고, 걷거나 뛰거나 춤을 추는 등 몸을 움직이게 만드는 원동력이 된다. 이뿐만이 아니다. 호흡과 혈액순환, 소화, 배변은 물론 말하기와 얼굴 표정 짓기까지 인체가 행하는 모든 움직임의 과정에 근육이 관여한다.

근육은 움직이는 동시에 불필요한 움직임을 제어하는 역할도 한다. 중력에 대항해 자세를 유지하면서 관절을 안정시키고, 추울 때는 스스로 수축해 열을 내기도 한다. 또 우리 몸에 들어온 포도당을 흡수·저장하고 조절해 혈당을 안정화시킨다. 에너지를 글리코겐 형태로 저장하며 갖가지 대사 작용에도 관여한다.

체내에서 호르몬 스위치로 작동한다

이렇듯 근육이 몸에서 하는 역할은 매우 많다. 그중에서 특히 주목해야 할 것은 호르몬에 관여한다는 사실이다. 근육은 체내 호르몬의 불균형을 조절해 정상화하고, 스스로 호르몬을 만들어 인체를 더욱 건강하게 만든다.

호르몬은 내분비선에서 나와 혈류를 타고 온몸을 돌면서 우리 몸의 신진대사와 생식 등에 관여한다. 기분을 좋게 만들고 스트레스 수준을 낮추는 등 다양한 신체 기능을 조절하기도 한다. 그런데 호르몬에 불균형이 생기는 순간이 찾아온다. 사춘기나 월경, 임신 등

특정한 시기와 노화가 들이닥칠 때다. 특정 호르몬이 너무 많이 혹은 너무 적게 분비되면서 문제가 발생하는 것이다. 이때 우리 몸은 극단적인 변화를 겪는다. 급격한 피로와 체중 증가, 통증, 허기, 변비 등이 흔히 나타난다. 온도나 냄새에 민감해지기도 한다. 여성의 경우 생리불순을 겪기도 하고 남성은 발기부전이나 근육 감소를 호소하기도 한다. 이때는 충분한 수면과 적절한 신체 활동, 스트레스 관리 등으로 호르몬을 정상화해야 하는데, 이를 도와주는 것이 바로 근육이다.

근육은 인체의 건강한 삶을 관장하고 유지하는 데 중요한 역할을 하는 호르몬이 정상적으로 작용하도록 돕는다. 더 나아가 규칙적인 운동으로 근육을 단련하면 호르몬 균형과 조절에 긍정적인 영향을 준다.

성인병과 암까지 잡는 근육 호르몬, 마이오카인의 발견

우리가 근육을 만들어야 하는 또 하나의 이유는 근육 호르몬, '마이오카인Myokine'에 있다. 마이오카인의 발견은 2008년 《네이처》지를 통해 보고되었다. 마이오는 근육, 카인은 호르몬을 의미하는 용어로, 결국 '근육 호르몬'이라는 뜻이다.

운동을 하면 근육에서는 수많은 호르몬이 만들어진다. 그중 마이오카인은 인체가 근력 운동을 하면서 근육에 피로감이 생기면 분비된다. 이 호르몬 역시 혈액을 타고 온몸을 돌며 뇌로 전달돼 기분을 좋게 만들고 우울증 증상을 감소시키며, 인지 기능을 촉진한다. 인슐린 저항성을 개선하고 혈당을 낮추는 효과도 크다. 혈중 포도당 수치를 낮추고 지방간염과 지방간, 당뇨, 대사증후군까지 개선한다. 뿐만 아니라 염증물질을 제거하고 지방을 분해한다. 혈류의 흐름을 원활하게 만들어 혈압을 떨어뜨리고, 심장혈관 세포를 증가시켜 심장조직을 회복시킨다. 또 내장지방을 줄이고 피부를 좋게 만들며 췌장과 간, 혈관, 뼈 등 다양한 장기에 영향을 줘 더욱 건강한 몸을 만든다.

마이오카인은 말 그대로 희망 분자다. 따라서 근육이 자극을 많이 받으면 받을수록 인생이 행복해진다. 우리가 피상적으로 알고 있는 '운동을 하면 몸이 건강해지고 기분이 좋아진다'는 말에는 실제 그보다 훨씬 큰 의미와 가치가 담겨 있다.

많은 현대인을 고통 속에 몰아넣는 고혈압, 당뇨, 심혈관 질환에 대해 이렇듯 드라마틱한 효과를 발휘하는 존재는 일찍이 없었다. 그런데 더 놀라운 사실이 있다. 마이오카인은 만성질환의 위험성을 낮출 뿐 아니라 암세포가 자라는 데 필요한 에너지원을 없애 암세포를 굶겨 죽이는 대사항암제로도 활용된다.

양과 질 모두 잘 설계된 운동을 습관화해야 하는 이유

여러 종류의 마이오카인을 동시다발적으로 분비시키는 건 운동뿐이다. 우리 몸을 지키는 힘 역시 근육에서 나온다는 방증이다. 평소 특별히 아픈 부위나 지병이 없다면 일주일에 3회 이상 운동을 해 몸을 건강하게 지켜내야 한다. 걷기나 자전거 타기 같은 유산소 운동과 스쿼트, 플랭크 같은 무산소 근력 운동을 병행하는 것이 가장 좋다. 몸속 호르몬이 제대로 반응하고 잘 분비되도록 스위치를 작동시키는 열쇠가 근육이기 때문이다.

운동은 양이나 질이 충분히 좋으면 호르몬의 밸런스를 잡아주는 역할까지 한다. 하지만 반대로 양과 질이 부족한 운동을 해 근육이 뻣뻣하거나 유연하지 못할 경우 혹은 근육이 감소할 경우 당을 빠르게 분해하고 순환시키는 글루카곤이나 인슐린의 분비에 문제가 발생한다. 양과 질 모두 적정하게 설계된 운동을 습관화해야 하는 이유다. 그래야 질 높은 근육을 만들 수 있고, 그 근육이 인체의 건강과 젊음을 지키는 보디가드가 될 것이다.

STEP 2

근육 부자들은 삶의 질이 다르다

통계에 따르면 2050년 인간의 기대수명은 120세다. 누구나 아프지 않고 오래 사는 삶을 꿈꾸지만 그에 앞서 한 가지 전제조건이 붙는다. 바로 '건강한 삶'이다. 건강하고 활기찬 삶에 대한 가치 판단이 높아지면서 근육의 가치도 달라지고 있다.

근육 부자가 상대적으로 더 행복하다

'근수저'라는 신조어를 들어본 적 있는가? '근육 금수저'를 뜻하는 말이다. 태어날 때부터 쥐고 있는 부의 정도를 말하는 금수저, 은수저와 마찬가지로 근수저는 타고났거나 훈련을 통해 근육이 잘 붙는 체질 상태를 의미한다.

몸에 대한 인식이 달라지면서 남들이 부러워하는 탄탄하고 건강한 몸에 대한 열망도 커졌다. 그러나 중요한 것은 보디 프로필로 상징되는 과시적 만족감과 시각적 아름다움이 아니다. 자신이 살고 싶은 방식으로 삶을 영위할 수 있는 힘을 주는 이상적인 건강이다.

근육은 삶의 질을 지배한다. 근육 호르몬 마이오카인이 인체 내에서 하는 역할만 봐도 근육 부자들이 그렇지 않은 이들보다 더 행복한 삶을 산다는 데 이론의 여지가 없다. 같은 나이라 하더라도 누군가는 통증과 피로 때문에 집안에서만 생활하는 반면 근육 부자는 활기차게 움직인다. 몸과 근육에 통증이 느껴지지 않아 움직임에 거침이 없고, 한자리에 오래 앉아 있거나 오래 걸어도 피로를 덜 느낀다. 근육이 타고난 본래의 기능을 잘 유지하기 때문이다.

근육이 늘어나는 만큼 기초대사량도 높아진다

근육과 관련한 여러 연구 결과들을 보면, 근육이 있는 사람과 근육이 없는 사람의 기초대사량에는 확연한 차이가 난다. 사람마다 자신의 체격과 활동에 필요한 근육량이 있는데, 사실 그만큼의 근육만 가지고 사는 것이 가장 효율적일 수 있다. 본래 자연은 가장 효율적인 방법을 스스로 찾아가도록 설계되어 있기 때문이다. 그런데 최근 연구에서 필요한 근육량보다 500g씩 더해질 때마다 아무것도 안

해도 그 근육이 100kcal의 에너지를 소모한다는 사실이 확인되었다. 단지 근육량을 늘리는 것만으로도 기초대사량이 높아진다는 얘기다. 기초대사량은 가만히 있어도 하루에 저절로 소모되는 에너지로, 기초대사량이 높으면 똑같이 먹고 운동해도 상대적으로 살이 덜 찐다. 즉 체중 조절과 건강에 도움을 주기 때문에 근육 부자는 그렇지 않은 사람보다 고혈압, 당뇨 등 성인병에서 훨씬 자유롭다.

내 몸이 나를 막아서지 못하게 하라

사람의 인생은 결국 건강이 허락해야 이어질 수 있다. 특별히 부상을 당한 것도 아닌데 발목이나 허리, 관절이 아파 걷기 힘든 적이 있는가? 가까운 마트에 가는 데도 피로감을 느끼고, 식사 후 가벼운 산책조차 망설여진 순간이 있는가? 그때 당신을 막아선 것은 과연 무엇이었을까? 안타깝게도 당신의 몸 그 자체다.

무엇이든 시작하고 싶은 마음이 들 때 몸이 막아서지 못하게 조절할 수 있다면 그게 바로 행복한 삶이 아닐까. 나이 칠십에 마라톤을 완주하고, 아흔을 앞둔 나이에 국토대장정을 망설임 없이 떠날 수 있다면 어떨까. 그들에게 몸이란 자기 뜻을 막는 걸림돌이 아니라 그 모든 것을 가능케 하는 가장 든든한 조력자가 될 것이다.

STEP 3

백세시대,
이동성 내재 역량에 주목하라

2018년 〈노화연구학회저널〉에 발표된 연구 자료에 따르면 50세 이후 근육은 매년 1~2%씩 감소하고, 10년이면 4kg 정도의 근육이 몸에서 빠져나간다. 근육 손실은 39세부터 가속화되어 65세에는 약 25~35%, 80~90세에는 50% 이상 감소한다.

나이가 들어 기운이 떨어지는 건 어쩔 수 없는 자연의 순리다. 그러나 생의 시계는 멈추지 않는다. 의학의 발달로 인간은 더 오랜 삶을 꿈꿀 수 있게 되었다. 100세 시대를 넘어 120세 시대를 향해 나아가는 지금, 현대인에게 더없이 중요한 건 바로 '이동성 내재 역량'이다. 다른 누군가에게 혹은 어떤 기구에 의지하지 않고 내 몸 스스로 자유롭게 이동할 수 있는 능력이 내 안에 있는가를 짚어보아야 할 때다.

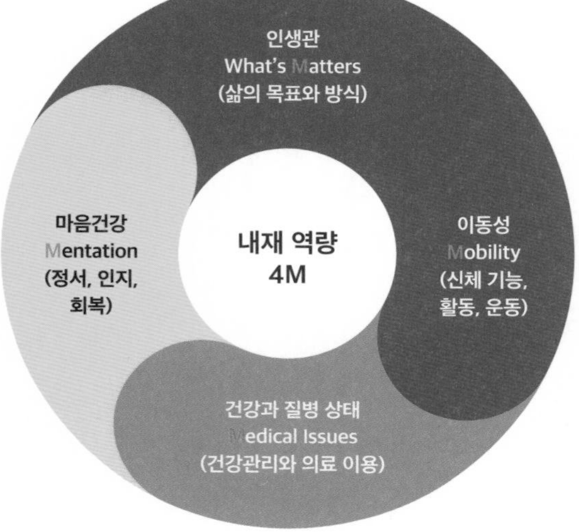

| 내재 역량 Intrinsic Capacity **|**

2015년 세계보건기구WHO에서 제시한 개념으로 건강하게 나이 들기 위해 갖추어야 할 삶의 4가지 기준이다. 인생관What's Matters, 이동성Mobility, 마음건강Mentation, 건강과 질병 상태Medical Issues의 4M을 말한다.

언제까지 내 발로 걷고 내 손으로 생활할 수 있을까

아무리 내부 기관과 장기, 생식기, 내분비 등 몸의 모든 조직이 온전하더라도 내 몸을 일으켜 세워 어느 지점까지 이동할 수 있는 능력이 저하된다면 삶의 질은 현격히 떨어질 수밖에 없다. 비록 지병이 있고, 약을 먹는 상황이라 할지라도 스스로 일상생활을 할 수 있는 근력과 보행 능력을 갖췄느냐 아니냐에 따라 삶의 질은 천지 차이다. 혼자 화장실에 갈 수 있고, 목욕을 할 수 있고, 물건을 사러 나가거나 산책을 하는 등 일상생활을 하는 데 문제가 없어야 건강하고 만족도 높은 삶이라 할 수 있다. 특히 고령기에는 독립적으로 생활 기능을 할 수 있는지가 매우 중요하다. 젊을 때부터 근육투자에 눈을 떠야 한다고 강조하는 이유가 바로 여기에 있다.

근육이 빠져나간 자리엔 지방만 남는다

나이가 들면 근육이 약해지면서 감소할 뿐 아니라 그 빈자리에 지방이 들어차면서 근력이 현저히 떨어진다. 자연스럽게 하던 동작들이 점점 어려워지고 근육 긴장이 따라온다. 많은 사람이 근위축이나 근감소를 걱정하는 이유다.

우리나라 65세 이상 노인의 40% 정도가 근육량이 감소하면서 나타나는 근감소증을 앓고 있다. 대부분 어느 순간 걸음걸이가 느려지고 피곤한 증상을 겪는다. 나이가 들수록 근육의 노화가 서서히 진행되다 어느 순간 그 축적된 결과를 확연히 느끼게 되는 것이다.

음식을 먹다 사레에 걸리는 일도 흔해진다. 목의 근육이 감소했기 때문이다. 허리 근육이 약해지면서 굽은 허리가 되고, 이유 없이 비틀거리거나 넘어진다. 한 번 발생하면 회복이 힘든 노인성 난청 역시 단백질이 빠져나가면서 발생한다. 보건복지부 국민건강영양조사에 따르면 단백질과 지방이 부족한 노인은 청각 이상이 56%나 증가하는 것으로 나타났다. 근육이 빠져나간 자리를 식단으로 채우지 못하면 상황은 더 심각해진다.

이동성 내재 역량 지켜주는 5대 근육

일상생활을 스스로 할 수 없게 된다면 그보다 더 슬픈 일은 없을 것이다. 계단을 오르거나 침대에서 일어나는 등 일상의 수행 능력을 유지하려면 점점 사라져가는 근육을 반드시 붙잡아야 한다. 특히 우리 몸을 지탱하고 중심을 잡아주는 5개의 주요한 근육을 키우는 게 필수적이다. 그 주인공은 발 내재근과 대퇴사두근, 대둔근, 척추기립근, 목 근육으로 이 5대 근육을 자극하는 운동을 꾸준히 하면 이동성 내재 역량을 지키고 키우는 데 큰 도움이 된다.

발 내재근

다른 부위에는 없고 오직 발에만 붙어 있는 근육으로, 발의 코어다. 나이가 들면 발 내재근 역시 줄어들어 아치가 낮아지고 건강하던 발이 평발로 진행되는 경우가 흔하다.

대퇴사두근

허벅지 앞부분에 있는 큰 근육군이다. 외측광근, 내측광근, 중간광근, 대퇴직근으로 구성되어 있어 '대퇴4두근'이다. 보행할 때 가장 큰 힘을 내는 근육이므로 힘이 약해지지 않도록 반드시 단련해야 한다.

대둔근

우리 몸의 중심인 엉덩이는 위로 상체를 떠받치고 아래로 두 다리를 잇는다. 대둔근은 엉덩이 근육 중 가장 크며, 다리를 바깥쪽으로 돌리거나 허벅지를 뒤로 잡아당기는 역할을 한다. 보행에 직접적인 영향을 주므로 근력을 잃지 않게 신경 써야 한다.

척추기립근

등에는 광배근처럼 넓고 큰 근육이 많지만, 이동성 내재 역량을 지키는 데 있어 척추기립근의 역할이 절대적이다. 척추를 바로 세우고 목과 등을 안정적으로 구부릴 수 있게 하는 힘이 이 근육에서 나온다.

목 근육

우리 몸의 중심을 차지하며 목을 움직이고 머리를 지탱하는 역할을 한다. 곧고 바른 자세와 직접적인 관련이 있다. 목 디스크를 예방하는 차원에서도 목 근육의 단련은 반드시 필요하다.

STEP 4

근육에도 '탄단지'가 필요하다

다이어트나 건강관리를 하는 이들 중에는 '단백질 절대 사수'만을 외치는 사람들이 꽤 있다. 탄수화물은 무조건 안 먹어야 하고, 지방 역시 최대한 절제해야 한다고 말한다. 결론부터 이야기하면 이 말은 틀렸다. 근력을 강화하려면 탄수화물과 단백질, 지방, 즉 '탄단지'가 꼭 필요하다.

영양 불균형이 오히려 근육 손실 부른다

근육의 원료는 단백질이지만 탄수화물과 지방도 충분히 포함된 균형 잡힌 식사를 해야 한다. 그래야 단백질의 흡수를 높이고, 운동 시 적절한 힘을 발휘해 근육을 성장시킬 수 있다. 일본의 한 연구 결과에 따르면 단백질과 지방 섭취가 부족한 사람들의 36%에서 2년 후 노쇠가 발생했다. 싱가포르의 실험에서도 영양이 불균형한 그룹은 정상 그룹에 비해 노쇠 위험이 무려 17.4배나 높았다.

우리가 단백질 섭취에 집착하는 이유는 단백질이 몸 안에서 만들어지지 않고 저장되지도 않기 때문이다. 따라서 꾸준히 그리고 충분히 섭취하는 게 중요하다. 연구에 따르면 우리나라 65세 이상 연령층의 절반가량은 단백질 섭취량이 매우 부족한 상태다. 노년층의 경우 단백질이 부족한 상태에서 운동을 하면 오히려 근육이 빠져나간다는 점을 유념해야 한다. 하루 필요량을 매끼에 나눠 챙겨 먹는 것이 소화율과 흡수율을 높이는 방법이다.

하지만 근육량을 늘리겠다고 무작정 단백질만 섭취하는 것은 옳지 않다. 일반적으로 동물성 단백질은 필수아미노산이 풍부한 만큼 지방과 콜레스테롤의 함유량도 많아 과잉 섭취할 경우 자칫 체지방만 늘어나는 결과를 가져올 수 있다. 반드시 채소와 함께 섭취하며, 탄단지를 골고루 갖춘 균형 잡힌 식사를 해야 한다.

인체를 기아 상태로 만들면 운동은 반드시 실패한다

기본적으로 운동은 에너지를 소비하는 행위다. 따라서 영양소 중 열량 영양소인 탄수화물과 지방의 섭취가 무엇보다 중요하다. 탄수화물은 비교적 짧은 시간 동안 큰 움직임을 만들 때 필요한 열량을 제공한다. 반면 지방은 긴 시간 동안 지구력이 필요한 동작에 많이 쓰인다. 우리 몸에 들어와 열을 내고 힘을 발휘하는 탄수화물과 지방이 꼭 골칫덩이만은 아니라는 사실을 다시금 새겨야 한다.

만약 영양 섭취가 제대로 이뤄지지 않은 채 특히 기초대사량도 충족되지 못한 식사를 하면서 운동할 경우 어떻게 될까? 인체는 스스로를 기아 상태로 인식해 생존이 위협받는다고 판단한다. 그 결과 운동을 통한 소비와 체내 소비를 최대한 줄인다. 결국 강도 높은 운동을 해도 칼로리 소모나 지방 제거가 힘들어진다. 무조건 식사량을 줄이는 것은 오히려 몸에 해가 된다. 근육을 만들기 위해 운동을 한다면 이 점을 잊어서는 안 된다.

식단은 기초대사량과 운동 목적에 따라 다르게

운동을 열심히 해도 체지방이 줄어들지 않거나 근육이 늘어나지 않는다면 한 번쯤 식단을 점검해볼 필요가 있다. 무엇보다 자신의 몸에 맞는 영양 비율을 찾는 게 중요하다. 식단은 자신의 기초대사량과 운동 목표 등에 따라 달라질 수 있지만 대개 탄수화물, 단백질, 지방의 비율을 4:4:2로 맞추면 몸에 무리가 가지 않는다. 강도 높은 운동을 할 때는 5:3:2의 비율이 좋다. 4:3:3 비율은 포만감이 커 체지방이 잘 빠지지 않을 것 같지만 과식이나 폭식의 위험성이 확 줄어든다.

단백질은 음식을 통해 얻는 것이 가장 좋지만 식사만으로 필요량을 전부 섭취하기는 어렵다. 이때는 보충제의 도움을 받는 것도 좋은 방법이다. 나이가 들수록 체내 근육량은 점점 줄어드는 데 반해 지방은 빠른 속도로 증가한다. 문제는 다이어트 등으로 단백질 섭취량이 점점 줄어든다는 데 있다. 이런 습관이 지속되면 영양 불균형은 물론 근손실과 비만, 노화가 찾아오기 쉽다. 따라서 음식 섭취로 부족한 단백질량은 보충제를 먹음으로써 하루 필요한 양을 채우는 것이 좋다.

더불어 매끼 풍부한 식이섬유를 갖춘 과일과 채소는 물론 곡류와 비타민, 미네랄 등 미량 영양소를 챙기는 데 신경 써야 한다. 특히 골격근 건강에 필수적인 비타민D와 항염증 효능이 뛰어난 오메가-3를 챙겨야 한다. 이러한 성분은 생선과 달걀, 견과류 등에 풍부하게 함유되어 있다. 하루에 필요한 비타민과 미네랄이 함께 들어 있는 종합비타민제 등을 섭취하면 더 확실한 도움을 받을 수 있다.

STEP 5

인생이 주는 근육투자 3대 기회

인체는 평균적으로 35세 이후 해마다 근육의 1~3%가 소실된다. 근력으로 따지면 4~6%가 떨어지는 셈이다. 근육이 감소하기 시작하면 몸의 전체적인 기력이 떨어지고, 걷고 뛰는 등 일상적인 활동에 문제가 발생한다. 근육이 붙들고 있는 관절의 움직임도 뻣뻣해져 관절통을 겪기도 한다.

그런데 인생은 우리에게 이 모든 과정을 역전시킬 수 있는 놀라운 기회를, 그것도 세 번씩이나 준다. 몸이 폭발적으로 성장하면서 근력이 최고점에 달하는 만 14세 전후의 유소년기, 35세부터 40세까지 노화 트랙에 진입하려는 순간, 그리고 65세 이후 장년기에 이 기회가 찾아온다. 한마디로 근육투자의 3대 최적기다.

만 14세 유소년기
근육의 비약적 성장을 유도하라

흔히 '사춘기'라고 하는 10대 중반 청소년기는 근육이 폭발적으로 성장하는 시기다. 여성은 에스트로겐, 남성은 테스토스테론 등 신체 발달에 영향을 미치는 호르몬 분비가 급격하게 증가하면서 '호르몬 스파이크'에 도달한다. 가만히 있어도 근육이 자라는 시기다. 이때 좋은 자극을 주면 근육 성장에 가속화가 일어난다. 중량을 다루기보다 농구처럼 걷기, 뛰기, 점프하기 등 다양한 움직임을 활용하는 운동을 하는 것이 더 좋다. 수영이나 자전거 타기 같은 신체 활동도 근육을 골고루 발달시키는 데 도움이 된다.

하지만 이 시기에 과도한 운동은 부작용을 부른다. 모든 신체 부위가 물리적으로 커지는 반면 내실이나 바탕은 아직 부족한 상태이기 때문이다. 근육은 커지고 있으나 근력을 단련한 적 없는 몸이라 할 수 있다. 관절의 가동력을 충분히 시험해 볼 기회를 갖지 못한 상태에서 과격한 운동을 하면 부상으로 이어지기 쉽다. 마음이 앞서 자신의 신체 능력을 넘어서는 과도한 운동으로 부상을 당하거나 오히려 성장을 저해하는 일이 생기지 않도록 유의해야 한다.

35~40세 시기
근육 손실을 늦추는 데 집중하라

가장 바쁘게 일하고 활동하는 시기다. 사회적 성취를 이루는 데 많은 에너지가 쓰이고, 자녀를 키우고 가르치는 데도 많은 에너지가 소모된다. 바이오리듬으로 보면 인체생리학적으로 연간 1~3%의 근 감소가 일어나는 시기다.

인체는 27세일 때가 가장 체력이 좋은 나이다. 35세부터 40세까지는 신체 능력이 점점 떨어지는 나이다. 거부할 수 없는 중력의 작용으로 피부와 근육이 아래로 처지면서 노화의 트랙에 진입한다. 이러한 변화는 스스로 인지하든 인지하지 못하든 상관없이 다가오며 피로감이나 무기력감, 우울감의 형태로 나타난다. 신체에 나타나는 물리적 변화가 자신도 모르는 사이에 정신을 침습하는 셈이다. 이러한 증상과 변화는 사회활동에도 많은 영향을 끼친다. 따라서 평소 일을 할 때 어떤 식으로 몸을 사용하는지, 휴식을 취할 때 어떤 방법을 활용하는지 자각하는 것은 매우 중요하다.

이 시기에 하는 운동은 신체 능력이 떨어질 때 가속화되지 않도록 방어하는 역할을 한다. 이때는 근육을 늘리기보다 근감소를 예방하는 데 집중하는 게 좋다. 즉 주기적인 근육 운동이 필요하다. 헬스장이나 야외 공원에 마련되어 있는 운동기구를 활용해 매일 30분 이상 운동해야 한다. 이 시기를 지나 중장년층에 진입하면 그동안 운동과 식이요법 등을 통해 자기관리를 어떻게 해왔는지가 성적표처럼 온몸에 나타난다.

65세 이후 시기
근육 운동으로 관절을 지켜라

우리나라는 그동안 노년기의 운동에 대해 관심이 별로 없었다. 나이가 들면 운동을 줄이고 조심하는 방향으로 안내하며 부상의 위험을 낮추는 데 집중했다. 시니어들을 위한 체어요가 같은 운동이 등장한 배경이다. 하지만 이런 운동은 근골격계를 건강하게 만드는 데 거의 도움이 되지 않는다. 스트레칭 효과도 보기 어려워 그저 소일거리라고 생각해야 할 정도다.

최근 미국에서 장년기 이후의 근육에 대한 연구가 활발하게 이루어지고 있다. 많은 연구들이 75세에도 근육 발달이 가능하다는 것을 증명하고 있다. 일본만 해도 노년기 근육에 대한 인식은 우리와 크게 차이가 난다. 한국과 일본의 70대 관절 나이를 비교하는 아산병원 연구를 보면, 일본인의 관절 나이가 한국인의 관절 나이보다 20년 젊다는 연구 결과가 나왔다. 그도 그럴 것이, 일본은 근육 운동량이 우리나라보다 훨씬 많다. 연령을 가리지 않고 많은 사람이 규칙적으로 운동을 한다. 일본 헬스장에 가면 10대에서 70대까지 모든 연령의 사람들이 함께 운동하는 모습을 볼 수 있다. 심지어 일본에는 마스터 육상대회가 있어 그곳에서 노령의 참가자들이 기량을 다툰다. 미국에서 실시한 75세 달리기 대회를 본 적이 있는데, 100m를 13초 97로 끊는 것을 보고 깜짝 놀랐던 기억이 있다.

관절은 직립으로 인해 상하 압박을 받는다. 70년간 사용해온 관절은 문제가 생길 수밖에 없다. 관절이 약해지면 우유나 생수를 사 들고 오는 일은 아예 엄두도 내지 못한다. 손주가 왔는데 번쩍 들어올리기는커녕 안기도 힘들다. 어깨나 팔꿈치 등이 펴지 않기 때문이다. 침대에 오르내리기도 어렵고, 소파에 앉아 있다 일어나는 것도

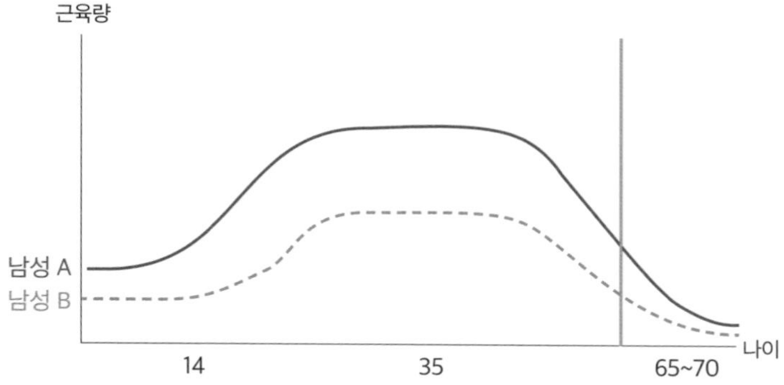

| 라이프 스타일에 따른 근육량의 변화 |

175cm, 68kg 동일 신체 조건의 남성 A와 남성 B의 나이별 근육량을 살펴보자. 근육량이 적은 남성 B는 남성 A에 비해 근육 발달이 저조하며, 65세 이상이 되면 근육량이 현격히 감소한다.

힘들다. 싱크대 상부 선반에서 그릇을 꺼내는 일도 쉽지 않다. 이때 까치발을 들어야 하는데, 나이가 들면서 근육이 소실되고 균형감이 없어지면 까치발을 드는 것만으로도 위험하다. 실제 까치발은 70대의 주요한 낙상 원인 중 세 번째에 해당한다.

건강한 관절을 유지하려면 관절 주변의 근육이 살아 있어야 한다. 관절 건강은 근육이 좌우한다. 부상이 무서워 가만히 앉아 있다간 그나마 남아 있던 근육마저 잃어버릴 수 있다. 일상에서 가벼운 운동을 통해 관절의 가동력을 유지해야 한다.

따라서 65세 이후의 운동은 질환 예방에 집중해야 한다. 이 시기에는 일어나고 걷고 물건을 드는, 즉 삶을 유지하기 위한 방편으로써의 운동이 필요하다. 걷기 같은 유산소 운동이나 화려한 댄스가 아니라 매일 15~20분씩 주기적인 근육 운동을 해야 한다. 그렇다고 체육관에 꼭 가야 하는 건 아니다. 이 시기에 필요한 근육 운동은 30~40세 때 했던 무거운 중량 운동이 아니라 일상에서 쉽게 할 수 있는 스쿼트, 런지 같은 동작들이다.

공원에 설치된 운동기구를 이용해 운동하는 노인들이 많은데, 그런 시간 보내기식 운동으로는 근육을 자극하기 어렵다. 노년기에도 슬슬 소일 삼아 운동하는 정도가 아니라 실질적으로 일정 수준 이상의 강도 높은 운동을 해야 한다. 오히려 근육 챙기기를 가장 성실하게 해야 할 때가 바로 이 시기다.

근육투자에
성공하려면
근육의 본질을
꿰뚫어라

STEP 1

최적화된 근육이란 무엇인가

지피지기면 백전백승이라 했다. 근육투자에 성공하려면 근육에 대해 보다 정확히 알아야 한다. 최적화된 근육은 어떤 모습인지, 그 특징은 무엇인지, 어떻게 운동해야 성과를 거둘 수 있는지 목표가 분명해야 근육을 제대로 키울 수 있다. 본질을 모른 채 주먹구구식으로 하는 투자는 자칫 거꾸로 가기 쉽다.

근력 트레이닝의 주된 목표는 몸속의 절대적인 최대 근력을 끌어올리는 것이다. 폭발적인 힘을 키우고, 균형을 잃고 넘어지는 등의 위기 상황에서 버티는 힘을 키우는 것이다. 그래야 같은 시간에 더 큰 힘을 쓰고, 긴 시간 동안 힘을 오래 쓸 수 있다.

근력 트레이닝으로 근육의 크기가 커지고 우람하게 변하는 것은 구조적 효과다. 한때 근육의 크기에만 집중하던 시기가 있었다. 하지만 최근에는 기능적 효과에 대한 관심이 높아지고 있다. 단련하는 근육과 주변 근육을 동시에 수축하고 억제하고 이완하는 근육 간 협응력, 한 근육 내 섬유 사이에서 발생하는 협응력, 갑자기 촉진되는 힘을 조절하는 기능적 효과의 중요성이 주목받고 있다. 이는 근육의 스위치를 끄고 켜는 데 중량보다 타이밍과 리듬감 있는 움직임이 중요하다는 인식이 확산되고 있는 것이다.

속근육과 겉근육의 조화가 중요하다

우리 몸의 근육은 눈에 보이지 않는 속근육(느린 근육)과 밖에서 보이는 겉근육(빠른 근육)으로 나뉜다. 이 근육들은 각각 하는 일과 특징이 다르다. 속근육은 몸속 뼈와 관절을 붙들고 우리 몸이 안정적으로 움직일 수 있도록 지탱해준다. 겉근육은 몸이 움직일 때 힘을 내면서 빠르게 대응하는 역할을 한다.

허리를 예로 들면 겉으로 보이는 척추기립근이 겉근육이고, 그 안에 있는 다열근이 속근육이다. 복부의 경우 겉으로 보이는 초콜릿 복근이 겉근육이고, 그 안에서 복압을 잡아주는 복횡근이 속근육이다. 최적화된 근육이란 이 2가지 근육이 조화롭게 제 역할을 해내는 상태다. 이 중 한 가지라도 제 역할을 하지 못하면 우리 몸은 부자연스럽게 움직이고 통증과 불편감을 느끼게 된다.

느린 섬유와 빠른 섬유의 협동 작업이 필수

근육은 근섬유라는 세포 다발로 이루어져 있다. 다시 말해 근섬유는 근육을 구성하는 단위로 빠른 타입의 섬유와 느린 타입의 섬유, 2가지가 있다. 이 중 느린 섬유는 관절을 안정화시키는 역할을 하고, 빠른 섬유는 동작을 할 때 힘을 내는 역할을 한다. 두 종류의 섬유는 근육 안에서 서로 유기적으로 협응력을 발휘한다.

느린 섬유는 혈액을 많이 끌어다 쓰며 지구력이 높다. 흔히 '속근육'이라고 알려진 것이 바로 이 느린 섬유다. 속근육은 자세와 평형

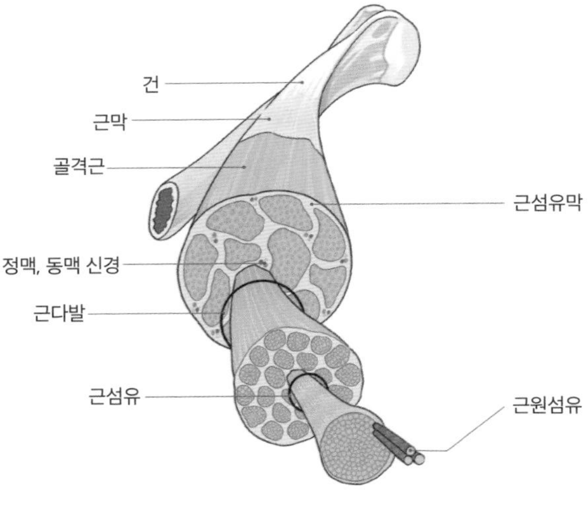

| 근육의 구성 |

감각을 유지해주며 유산소성 대사를 주로 해 몸에 에너지를 만든다. 반면 빠른 섬유는 혈액을 끌어다 쓰는 능력이 없어 근육 안에 저장되어 있는 혈액만 사용한다. 또 무산소성 대사를 주로 하기 때문에 장기간 에너지를 사용하기가 어렵다. 큰 움직임을 수행하거나 무거운 물건을 들 때, 빨리 걷거나 뛸 때 빠른 섬유가 사용되는데 체력이 빠르게 소진되는 편이다. 빠른 섬유가 없으면 빠른 움직임을 수행할 수 없다.

대부분의 근육은 두 종류의 섬유를 모두 갖고 있다. 한 근육 안에 섬유 타입이 한 종류만 있는 것이 아니라는 얘기다. 예를 들어 종아

| 근섬유의 기능에 따른 구분 |

	느린 섬유	빠른 섬유
성격	느린 근육(속근육)	빠른 근육(겉근육)
역할	관절을 안정화시킨다.	동작 시 힘을 낸다.
수행 능력	자세 유지, 평형감각 유지	· 무거운 물건 들기 · 달리기, 빠르게 걷기
특징	· 지구력이 뛰어나다. · 혈액을 많이 끌어다 쓴다.	· 순발력이 뛰어나다. · 근육의 힘이 빠르게 소진된다. · 근육 내 혈액만 사용한다.
비고	· 두 섬유의 구분이 명확하지 않다. · 한 부위에 분포된 섬유의 종류가 사람마다 차이가 크다. · 근육 내에서 두 섬유의 유기적인 협응이 이루어져야 고유의 기능도 잘 발휘된다.	

리에 있는 근육이 전부 빠른 섬유로만 구성되거나 팔뚝에 있는 근육이 모두 느린 섬유로만 구성되어 있지 않다. 한 근육에 2가지의 섬유가 고루 섞여 있다고 보면 된다. 게다가 같은 부위라도 어떤 사람은 느린 섬유가 더 많고, 어떤 사람은 빠른 섬유가 더 많다. 사람마다 차이가 크다. 모든 사람의 얼굴이 다르듯 모든 사람의 근육 역시 다르다고 생각하면 이해하기 쉽다.

근육 맞춤 운동이 필요한 이유

무릎관절 주변에 붙어 있는 근육을 살펴보자. 무릎은 복부 코어처럼 속근육과 겉근육이 나뉘어 있지 않다. 무릎 주변에 붙어 있는 근육들이 속근육과 겉근육 역할을 모두 해야 한다. 무릎과 연결된 근육 중 대퇴사두근은 속도와 힘을 내야 하는 동시에 무릎관절이 흔들리지 않게 막는 역할도 해야 한다. 따라서 대퇴사두근을 단련한다고 무조건 큰 힘을 내게 하는 운동만 하면 오히려 무릎 통증을 유발할 수 있다. 뿐만 아니라 대퇴사두근을 감싸고 있는 신경과 혈관이 눌리면서 더 큰 통증이 몰려온다.

무릎이 아프다고 혹은 허리 통증을 완화하겠다고, 아니면 팔 근육을 키우겠다고 마음먹었을 때 모두 같은 운동을 해선 안 된다. 자신의 몸 상태를 정확하게 파악한 후 그에 맞는 운동을 해야 한다.

근육 맞춤 운동도 필요하다. 느린 근육과 빠른 근육 모두 운동을 꾸준히 해야 최상의 근육 상태를 유지하고 더욱 발달시킬 수 있다. 느린 근육은 가벼운 동작을 많이 반복하는 운동이 좋고, 반대로 빠른 근육은 횟수보다 조금 힘에 부치는 동작을 통해 근력을 높여주는 것이 좋다. 운동 프로그램을 구성할 때는 두 근육의 특성을 고려해 동작을 적절히 안배해야 근육을 골고루 자극할 수 있다.

근육을 의식하며 운동해야 효과가 배가 된다

근린공원이 많아지고 생활체육이 활성화되면서 공원을 걷거나 반려견과 함께 산책하는 사람들이 많아졌다. 그들 대부분은 '맑은 공기도 마시고 운동도 하니 근육에 도움이 되겠지', '땀 흘리며 달리지 않아도 안 걷는 것보단 낫겠지' 하고 생각한다. 하지만 그러는 동안 빠른 근육이 소실된다.

내 몸의 빠른 근육이 빠지면 안 된다는 생각을 가지고 빠르게 움직여야 한다. 계단도 빠르게 오르고, 스쿼트도 빠르게 하고, 팔 운동 하나를 해도 위아래로 빠르게 움직이는 운동을 해야 한다. 나이가 들었다고 느리게 움직이는 게 정상이라고 생각하지 말자. 빠르고 활기차게 움직여야 근육이 살아난다.

꽃밭을 구경하거나 상념에 젖어 천천히 걷는 것은 근력을 키우는 데 전혀 도움이 되지 않는다. 운동할 때는 운동에만 집중해야 한다. 내 두 발이 어떻게 땅에 닿는지, 두 팔은 어떤 각도와 속도로 움직이고 있는지 느껴야 한다. 척추는 바르게 펴져 있는지, 아랫배와 엉덩이, 고관절 등이 걸음걸이에 따라 어떻게 자극을 받는지 의식하며 운동해야 제대로 된 운동 효과를 거둘 수 있다.

STEP 2

중요한 것은 크기가 아니라 근육의 질이다

'근육' 하면 흔히 우락부락한 이두근과 삼두근, 쩍 갈라진 초콜릿 복근을 떠올린다. 누구나 처음에는 근육의 크기에 초점을 맞춘다. 그리고 실제 운동을 시작하는 많은 사람이 자신의 근육이 커지는 모습을 기대하며 크기에 집착한다. 어쩌면 당연한 일이다. 바쁜 시간을 쪼개 쇠질을 하는데 이왕이면 드라마틱한 변화가 있기를 바라지 않겠는가. 그 목적이 다이어트건 근육 강화에 있건 큰 차이는 없다.

대부분의 사람은 크고 넓은 근육에서 큰 힘이 나온다고 생각하지만 꼭 그렇지만은 않다. 근육은 크기보다 질이 중요하다. 질 낮은 큰 근육을 키우기보다 근육 본연의 기능을 잘 수행하는 질 높은 작은 근육을 키우는 게 훨씬 중요하다.

질 좋은 근육이 지닌 특성

최적화된 근육을 키우려면 근육의 크기가 아니라 근육의 질을 채워야 한다. 근육의 질은 근육의 기능을 말한다. 다시 말해 제 기능을 잘 수행하는 근육이 질 좋은 근육이며, 근섬유가 발달된 근육이다. 그렇다면 어떤 기능을 지녀야 질 좋은 근육일까?

신축성이 좋아야 한다

근육은 정해진 범위 안에서 편안하게 늘어나야 한다. 관절의 가동 범위를 유지할 수 있어야 제 기능을 다할 수 있다. 팔 근육을 지나치게 키워 팔꿈치를 구부려도 손이 얼굴에 닿지 않아 세수하기 어렵다는 이들을 본 적이 있다. 우스갯소리 같겠지만 실제 현장에서 종종 만난다. 이 정도 되면 근육이 아니라 짐이다. 몸 위에 찰흙을 붙이고 다니는 것처럼 부담스럽다. 허벅지 근육이 너무 커서 자연스럽게 걷지 못한다면 이를 두고 어찌 멋지다고 하겠는가. 근육은 부드럽고 탄력적으로 움직여 모든 동작을 원활하게 할 수 있어야 한다.

협응력이 좋아야 한다

근육은 관절의 움직임을 가능하게 하는 힘이다. 필요할 때 적절한 강도와 속도로 움직임을 만들어내야 제 기능을 다하는 것이다. 서로 이웃하고 있거나 함께 움직이는 근육과의 협응력, 근육 안에서 섬유와 조직들이 유기적으로 움직이는 협응력을 모두 갖추어야 타이밍에 맞춰 근육을 날렵하게 사용할 수 있다.

민첩해야 한다

근육은 자극에 반사적으로 움직이는 판단력과 민첩성을 갖추어야 한다. 민첩성은 무의식적인 판단과 동시에 이루어지는 동작으로 균형감과 더불어 부상을 예방하는 핵심 요소다. 필요할 때 빠르게 판단해 대응하고 움직일 수 있어야 질 좋은 근육이라 할 수 있다. 평소 유기적인 동작을 반복적으로 수행하다 보면 이 같은 능력이 단련된다.

근섬유가 잘 발달된 근육이 발휘하는 위력

근섬유는 리듬감 있는 운동을 담당하는 반면 근섬유를 제외한 세포질, 즉 근형질은 고립운동을 담당한다. 근육이 유연하고 자유롭게 움직이려면 근섬유가 잘 발달된 질 높은 근육을 늘려야 한다. 근섬유가 잘 발달되면 근육의 가치를 제대로 느낄 수 있는 여러 효과를 누릴 수 있다.

호르몬 균형이 좋아진다

근육이 건강해지면 테스토스테론이나 에스트로겐 등 우리 몸에 이로운 다양한 호르몬의 균형이 좋아진다. 뿐만 아니라 근육 자체가 만들어내는 호르몬의 발생도 왕성해진다.

통증이 사라진다

근육의 질이 개선되면 근육 내 비정상적으로 들어차 있는 지방과 이물질로 인해 발생하는 통증이 사라진다. 운동 부족으로 몸이 찌뿌둥할 때 운동을 하면 개운하고 시원한 감각을 느끼게 되는데, 이는 단지 느낌이 아니라 실제로 몸에 나타나는 변화다.

비만이 해결된다

운동을 하면 근육의 질이 좋아지면서 피하지방과 내장지방을 태워 몸 밖으로 내보낸다. 몸이 가벼워지고 군살이 사라진다. 지방 때문에 높아진 체내 염증 수치도 내려간다.

관절이 안정된다

근섬유가 발달된 근육은 힘이 강하기 때문에 관절을 꽉 잡아 안정감을 부여한다. 과도한 긴장으로 인해 경직된 '겁먹은 관절'의 불안감을 해소해 유연하게 움직일 수 있게 된다.

당뇨가 개선된다

근육의 적극적인 사용은 곧 기초대사량의 증가로 이어져 인슐린 수치를 조절하는 데 유리한 몸으로 바뀐다. 또 인슐린 민감성을 높여 인슐린 저항성을 낮추고, 제2형 당뇨병의 발병을 줄인다.

자세가 바르고 곧아진다

목에서 종아리까지 연결된 뒷근육을 살리면 중력으로 인해 앞으로 구부정해진 자세가 되살아난다. 또 척추 주변의 근육이 지지대 역할을 해 중력을 방어한다. 가로수를 심은 뒤 당김줄을 연결해 팽팽하게 잡아당겨 중심을 잡아주는 것과 같은 이치다.

에너지 수준과 체력이 향상된다

근육의 질이 좋아지면 혈액순환이 원활해지면서 심혈관이 건강해진다. 지구력이 좋아지며 전반적인 에너지 수준도 향상된다. 일상에서 쉽게 지치지 않고 적극적인 생활 태도가 만들어진다.

기분과 정신 건강이 좋아진다

근육은 호르몬 조절에 즉각적이고 직접적인 영향을 미쳐 스트레스, 우울증, 불안 등의 증상을 줄여준다. 즉 정신 건강에 긍정적인 영향을 미친다.

수면의 질이 좋아진다

규칙적인 운동과 잘 발달된 근육은 편안하고 깊은 잠을 부른다. 충분하고 질 좋은 수면은 다시 좋은 근육을 만드는 요인이 되어 선순환의 고리가 만들어진다.

자신감이 높아진다

규칙적인 운동이 체성분과 근긴장도 등 전반적인 체력을 증진시켜 신체에 대한 자신감을 높인다. 운동을 하면 신체적인 건강은 물론 정신 건강에도 긍정적인 효과를 기대할 수 있다.

성욕이 살아난다

운동을 하면 건강한 심혈관, 균형 잡힌 호르몬, 올바른 정신과 충분한 체력 등을 얻을 수 있다. 이는 남성과 여성 모두의 성욕을 증가시키는 계기로 작용한다. 여성의 경우 폐경기 또는 다낭성난소증후군, 호르몬 불균형 개선에 도움이 된다. 남성의 경우 저하된 테스토스테론을 올려 신체의 에너지 수준과 성욕을 높여준다.

STEP 3

근육은 혼자 움직이지 않는다

우리 몸에는 약 600개의 근육이 있다. 근육마다 대흉근, 대퇴사두근 등 고유의 이름이 있어 특정 동작을 할 때 한 개의 근육만 움직일 것 같지만 그렇지 않다. 근육은 거의 개별적으로 일하지 않는다. 아주 작은 동작에도 여러 근육이 동시에 움직인다. 근육군 혹은 근육 그룹으로 얽혀 있으며, 작은 움직임을 통해 정교한 동작뿐 아니라 크고 파워풀한 동작을 만들어낸다.

그런 의미에서 보면 헬스장에서 코치에게 흔히 듣는 "무슨 무슨 근육에 더 힘을 주세요"라는 말은 전혀 맞지 않는 말이다. "오늘은 이두근만 중점적으로 단련해보자", "능형근을 작살내보자!" 등의 어느 한 부위만 트레이닝하겠다는 코칭 역시 이치에 맞지 않는다. 근육은 절대 고립될 수 없고, 다른 근육들과 함께 협업하며 발달한다.

근육의 협업을 인지해야 운동 효과를 높일 수 있다

전거근을 한번 살펴보자. 갈비뼈 바깥면에 붙어 있는 전거근은 견갑이라는 날개뼈를 흉곽이라는 케이지, 즉 '갈비뼈 우리'에 붙이는 역할을 한다. 그러나 전거근 혼자 그 역할을 하는 것은 아니다. 전거근이 움직일 때 등 윗부분에 위치한 능형근이나 등 하부를 덮고 있는 광배근도 함께 움직인다. 다시 말해 하나의 근육만 강조해 발달시키겠다는 발상은 잘못된 접근이다. 해당 신체 부위에 위치한 여러 근육이 각각 역할을 나눠 함께 활성화하고 수축해야 움직임이 더 자연스럽고 건강에도 이롭다.

발가락을 구부릴 때도 마찬가지다. 발가락을 굽히는 근육들을 사용할 때 종아리 중앙에 위치한 비복근에도 당연히 힘이 들어간다. 한 근육만 써서 한 부위만 강화하겠다는 것은 자연스러운 근육의 기능이나 모습과 거리가 멀다. 무릎은 전혀 움직이지 않은 채 고관절이나 발목을 움직이지 않으면서 발가락만 구부릴 수 있을까? 불가능하다. 근육은 고립이 아닌 협업으로 함께 움직인다. 운동할 때 이러한 근육의 메커니즘을 이해하고 인지하면서 움직여야 운동 효과를 배가시킬 수 있다.

근육에 스트레스를 주는 잘못된 운동법

웨이트 트레이닝을 할 때 한 근육만 고립시켜 해당 근육에 기계적인 자극을 주는 방법은 오히려 근육에 스트레스를 줄 수 있다. 이는 근육이 숨을 못 쉬고 딱딱해지는 원인이 된다. 더불어 주변 근육들의 기능까지 저해하는 도화선이 될 수 있다. 현명한 사람은 나무만 보지 않고 숲 전체를 보는 것처럼 근육을 단련할 때 역시 그 근육이 기능하는 가장 기본적인 목적에 어긋나지 않게 접근해야 한다.

대퇴근이나 무릎 근육의 단면도만 봐도 근육이 단독으로 고립되어 있지 않다는 사실을 알 수 있다. 예를 들어 무릎은 넙다리뼈, 무릎뼈, 종아리뼈, 정강이뼈에 넙다리근, 장비골근, 전경골근, 비복근 등 여러 근육과 힘줄 그리고 안쪽곁인대, 가쪽곁인대 등의 인대로 이루어져 있다. 관절 안쪽도 인대와 복잡하게 연결되어 있다. 이 많은 근육 중 하나의 근육만 개별적으로 자극하고 단련한다는 건 처음부터 말이 안 되는 이야기다. 주변의 근육들을 함께 사용해 수축하고 활성화하는 트레이닝이 필요하다.

STEP 4

근육의 수호천사, 근막

근육투자의 길은 멀고도 험하다. 강한 의지로 자신과의 싸움을 이어가는 고난의 길이다. 하지만 그 성과는 평생 건강을 선물할 만큼 달콤하기에 분명 도전할 만한 가치가 있다. 그리고 이 전투에는 가장 든든한 아군, 근막Fascia이 있다. 근막은 라틴어 '붕대'를 어원으로 한다. 말 그대로 근육의 겉면을 마치 붕대처럼 싸고 있는 막이다. 근막이야말로 근육투자의 든든한 지원군이라 할 수 있다.

몸의 형태를 유지하는 제2의 골격, 근막

근막은 온몸에 걸쳐 분포되어 있다. 근육을 그물처럼 촘촘하게 감싸 보호할 뿐 아니라 골격 구조와 마찬가지로 외형을 유지하는 역할을 한다. 근육과 내장을 감싸는 얇은 막이라고 생각하면 이해하기 쉽다.

근막 위로는 피하지방과 진피, 표피가 있다. 일종의 결체조직으로 머리끝에서 발끝까지 연결되어 몸 전체를 구성한다. 근육과 근육, 건과 뼈, 건과 인대, 뼈와 뼈, 내장기관과 뼈, 내장기관과 내장기관 모두 근막으로 연결되어 있다. 마치 스파이더맨의 보디슈트처럼 전신이 연결되어 있어 한 부위의 움직임이 다른 부위의 움직임에도 영향을 미친다. 예를 들어 컴퓨터 앞에 오래 앉아 있으면 목과 어깨 근육을 둘러싼 근막이 변하면서 등이 구부정해질 수 있다.

사실 해부학자들은 오래전부터 근막의 존재를 알았다. 100여 년 전까지만 해도 근막은 '근육의 포장지' 정도로 폄하되어 있었다. 하

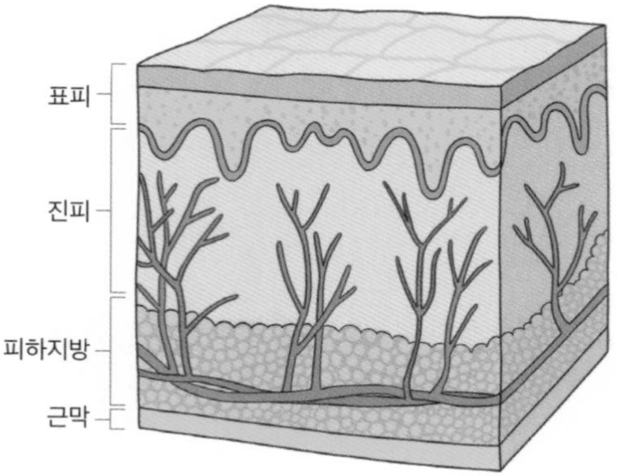

| 근막의 위치 |

지만 최근 다양한 연구를 통해 근막이 제2의 골격으로서 인체의 구획을 형성하며, 몸 안팎으로 발생하는 역학적 긴장을 버티고 안정화시키는 역할을 한다는 것이 확인되었다. 또 유연성과 운동 범위에 핵심 역할을 한다는 사실이 발견되면서 그 중요성이 주목받고 있다.

모든 근육의 움직임을 지원하는 근막 시스템

근막은 근육을 지지하고 보호한다. 탄력성이 뛰어나 근육의 수축과 이완을 돕는 역할도 한다. 만약 허리의 흉요추근막, 복부의 건막, 다리의 대퇴근막, 발의 족저근막 등 주요 근막이 정상적으로 기능하지 못한다면 근육 역시 제 기능을 발휘하기 어렵다. 결국 인체의 모든 움직임이 적절한 동작으로 연결되지 못하고 통증만 느끼게 될 것이다.

근막은 인체의 모든 근육을 감싸 몸을 바로 서게 하고, 인체의 움직임을 민감하게 뇌로 전달한다. 이른바 '근막 시스템'이다. 근육이 수축할 때 근막은 긴장이나 압박감을 감지하고 이 정보를 뇌로 보내 인체 내부에서 무슨 일이 일어나는지 알아낸다. 관절과 근육의 움직임이 일어날 때는 마치 윤활유를 바른 것처럼 매끄럽게 움직일 수 있도록 돕는다. 즉 근육의 움직임에 따라 늘어나고 수축하는 식으로 유연하게 대응해 근육의 운동 성능을 최적화하는 역할을 한다. 이

외에도 근막은 호르몬과 면역체계, 자율신경계, 감정과도 밀접한 연관을 맺고 있는 것으로 알려져 있다.

빠른 근수축을 만들려면 근막을 반복해서 자극하라

근육은 근막을 통해 근육 바깥쪽과 안쪽의 이온 변화가 나타난다. 근육 세포막 바깥쪽은 안정 시에 양이온 상태를 유지하며 세포막 안쪽보다 더 많은 나트륨이 분포되어 있다. 반대로 근육 세포막 안쪽은 안정 시에 음이온 상태를 유지하며 근육 세포막 바깥쪽보다 더 많은 칼륨을 지니고 있다. 이 상태에서 신경전기자극을 받으면 세포막

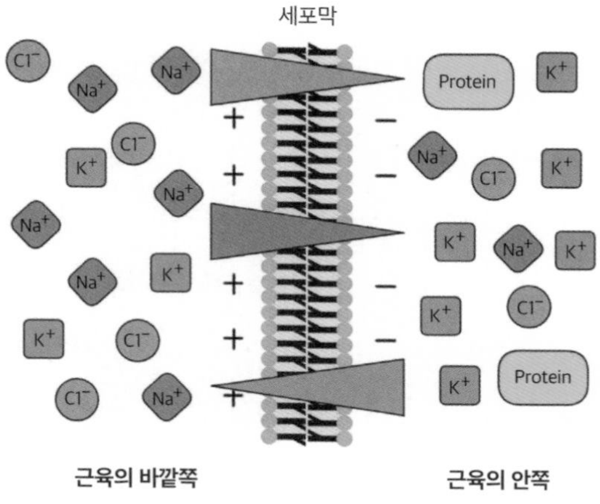

| 근육이 수축하는 원리 |

이 빠르게 열리면서 나트륨이 근육 세포막 안쪽으로 들어가게 된다. 그러면 근육 안쪽 막의 형질이 양이온으로 바뀌면서 수축을 시작한다. 이러한 변화를 빠르게 일으킬 수 있는, 다시 말해 수축이 빠르게 일어나는 근육의 상태가 되면 힘을 잘 낼 수 있다. 즉 근육이 힘을 내고 효율적인 움직임을 만드는 데 핵심은 '빠른 근수축'이다.

문제는 노화로 인해 혹은 신체 활동 부족으로 근육이 자극을 많이 받지 못하면 근수축의 속도가 자꾸 떨어진다는 것이다. 근수축의 전도율이 떨어졌다는 뜻이다. 이는 이온 변화가 느리다는 것뿐 아니라 이와 같은 근막 시스템의 가동력이 노후화되었다는 의미다. 이처럼 근막 시스템이 무뎌진 상태에서 운동이라는 명목으로 외부에서 억지로 저항을 주거나 근수축을 일으키면 어떻게 될까? 부작용이 나타날 수밖에 없다. 따라서 근막 시스템을 먼저 효율적으로 움직이게 하는 '리허설 근수축'이 필요하다.

무뎌진 근막 시스템을 다시 활성화하려면 미세한 자극을 반복해서 주고 이를 통해 움직임의 효율성을 높여야 한다. 근수축 전도율, 즉 근육 수축을 얼마나 빨리 할 수 있느냐가 얼마나 많은 무게를 드느냐보다 더 중요하다. 운동 능력이 떨어진 경우라면 더욱더 오랜 시간을 들여 근육 수축을 해야 부작용이 발생하지 않는다.

STEP 5

근막에 지나친 자극은 위험하다

특별히 격렬한 운동을 하지도 않았는데 늘 여기저기 쑤시고 결린다는 사람들이 많다. 왜 그럴까? 결론부터 말하면 평소 바르지 않은 자세와 잘못된 행동 습관에 의해 근육이 불균형해졌기 때문이다. 누구나 오른손과 왼손을 사용하는 빈도가 다르다. 걷거나 서 있을 때 힘을 받는 다리도 다르다. 가만히 앉아 책을 보거나 컴퓨터 작업을 한다고 생각해보자. 조금만 오래 있어도 금세 거북목이 된다. 이처럼 자세는 금세 흐트러지고 움직임은 불균형해지기 십상이다. 통증은 바로 그 뒷줄에 대기하고 있다.

미세한 저강도 자극으로 근육의 가동 범위를 늘리자

신체 어느 부위를 더 쓰느냐에 따라 인체의 근육 불균형, 즉 체형의 틀어짐이 발생한다. 바로 '근육 단축 현상' 때문이다. 근육이 단축되면, 즉 짧아지면 근막이 그에 연결된 건과 인대, 관절의 근육을 강제로 늘리면서 통증이 발생한다.

운동은 본래 근육에 자극을 줘 상처를 내는 작용이다. 상처가 회복되면 기존보다 근육이 커진다. 그러나 무리해서 상처를 주는 운동은 결코 좋은 자극이 아니다. 아주 미세하게, 근막이 미끌거릴 정도로만 자극을 주는 것이 근육에 훨씬 더 좋은 자극이다. 자꾸 단축되는 근육을 막기 위해 근육의 가동 범위를 늘리려면 미세한 근막들이 건과 함께 살짝살짝 늘어나야 한다. 그러려면 무리하지 않는 선에서 제대로 된 자극을 주는 강도의 운동을 진행해야 한다.

지긋지긋한 근육통, 알고 보니 근막통

근막은 어느 한 곳이 손상되어 비정상적인 움직임이 생기면 부상이 발생한다. 심한 경우 만성질환이나 장애까지 얻을 수 있다. 운동으로 인해 부상을 입거나 나쁜 자세 또는 잘못된 운동 습관, 근육의 긴장과 피로, 스트레스 등에 의해 근막이 딱딱해지고 근육의 유연성이 떨어지면 근육은 경직되고 긴장한다. 근육의 긴장 상태가 계속되면 움직임에 제약이 따르고 통증이 발생한다.

딱딱해진 근막은 근육과 조직에 압력을 가해 혈액순환을 방해한다. 그러면 인체는 통증과 불편감, 감각 이상 등을 느끼게 되고 몸을 보호하기 위해 무의식적으로 근육과 관절의 가동 범위를 축소하거나 제한한다. 그 결과 다시 운동을 할 때 자세가 변형되면서 운동 성과가 떨어진다. 우리가 운동하며 자주 겪는 근육통의 대부분은 사실 근막통이다.

근막이 엉키면서 근육과 근막이 들러붙는 유착 상태가 되면 우리 몸에는 염증이 생긴다. 만성적인 어깨 통증을 겪고 있는 사람들을 초음파로 관찰하면 근육과 근막이 서로 엉켜 구분되지 않는 경우가 많다. 근막 유착으로 통증이 발생하면 우리 몸은 스스로 다른 부위를 사용하는데, 이로 인해 또 다른 근막 유착이 생길 수 있다.

근막 이완이 필요한 순간

거미줄처럼 촘촘한 시스템을 가진 근막에는 신경세포가 포진해 있다. 정확히 말하면 근육 가까운 곳이 아니라 피하지방 바로 밑에 있는 근막에 신경세포가 아주 많다. 따라서 경직된 부위에 아주 약한 자극이라도 반복해서 주면 신경세포들이 활발해져 몸이 한결 좋아지는 결과를 볼 수 있다. 보통 흉요근막(몸통 뒤쪽의 허리 근육을 덮는 막)이 딱딱해져 통증을 호소하면 대부분 디스크를 의심하는데, 이때 근막만 잘 풀어줘도 통증이 완화되는 경우가 많다. 근육이 움직일 때 관절 가까이 붙어 있는 근막은 근신경을 통해 압력과 움직임에 대한 정보를 뇌에 빠르게 전달하도록 특성화되어 있기 때문이다.

근육을 싸고 있는 근막이야말로 근육을 늘어나게 하는 원천이다. 근육이 늘어나는 원리를 보면 근막의 중요성을 실감할 수 있다. 근육은 근섬유라는 세포 다발로 이루어져 있고, 근섬유는 근원섬유로 만들어진다. 근원섬유는 근원섬유마디로 세세하게 나뉘어져 있으며, 그 안은 액틴Actin과 미오신Myosin이라는 근필라멘트로 채워져 있다. 액틴과 미오신의 상호작용으로 근육이 수축하고 이완한다.

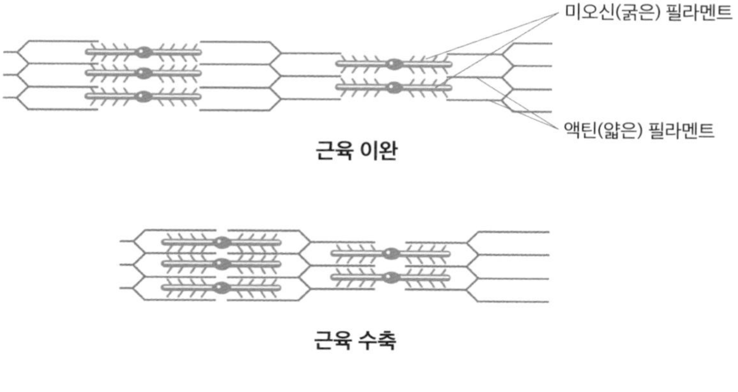

| 근육 움직임 원리 |

근육은 신경세포에서 보내는 신호를 받으면 미오신이 액틴을 끌어당긴다. 그러면 액틴이 미끄러지듯 근원섬유마디 중심부로 들어가면서 미오신과 액틴이 교차(슬라이드 작용)하게 되어 근육이 수축한다. 슬라이드 작용으로 수축된 근육은 신경세포에서 보내는 신호가 사라지면 원래 위치로 돌아간다. 이때 우리는 근육이 늘어난다고 느끼게 된다. 이 과정에서 근막이 매우 중요한 역할을 한다. 근육이 길어지고 늘어날 때 근막도 이완되는데, 이를 통해 근육의 유연성이 향상되고 부상의 위험이 감소된다. 따라서 편향된 운동이나 생활습관으로 인해 근육이 불균형해졌다면 이를 풀어주기 위해 근막 이완을 해주는 것이 좋다.

만성 근육 통증 환자에게 효과적인 근막 이완

근막 이완은 근막에 가해지는 압력을 줄이고 제거하는 것이다. 근막을 이완해 근막의 올바른 움직임과 신축성을 회복시키면 근육은 더욱 유연해지고 운동 동작의 효율성이 향상되며, 움직일 수 있는 가동 범위가 늘어난다. 근육과 관절에 가해지는 압력과 손상도 감소되어 부상의 위험성이 낮아진다.

근막이 이완되면 운동 성과 역시 좋아진다. 근육으로 가는 혈류와 영양 공급이 개선되면서 산소와 영양분이 충분히 전달되어 근육은 더 큰 힘과 지속적인 활동을 수행해낼 수 있다. 또 근육과 연조직의 긴장을 풀어주고 혈류를 늘려 통증을 완화한다. 즉 근막 이완은 만성 근육 통증 환자에게 특히 효과적인 치료법이다.

맨손이나 폼롤러, 마사지볼 등을 이용하면 누구나 쉽게 근막을 이완할 수 있다. 경직되고 딱딱해진 근육 부위에 손을 대고 피부를 밀고 당기거나, 아픈 부위에 폼롤러나 마사지볼을 대고 살살 움직이며 자극하는 것만으로도 근막이 쉽게 이완된다. 강하게 힘을 주지 않아도 된다. 피부와 근육 사이의 근막에 자극을 준다고 생각하며 가볍고 리드미컬하게 움직인다. 특히 기온이 낮아 웅크리고 지내는 시간이 많은 겨울에는 근막을 수시로 풀어 근육에 유연성을 부여하고 가동 범위를 늘려야 한다. 경직은 곧 부상으로 이어질 수 있다. 항상 민감하게 관리해야 한다.

눈먼
근육투자자들이
빠지기 쉬운 함정

STEP 1

몸을 학대하지 마라!
본래 디자인된 대로 근육을 존중하라

태평양 어깨, 성난 가슴 근육 등 탄탄한 근육질 몸매를 만드는 것이 유행하면서 많은 사람들이 수축 운동에 집중한다. 그런데 근육이 수축을 잘하기 위해선 먼저 잘 늘어나야 한다는 사실을 간과하는 경향이 있다. 근육은 수축만 하는 게 아니라 잘 늘어나야 한다. 수축과 이완이 자연스럽고 매끄럽게 이루어져야 건강하고 아름다운 근육을 유지할 수 있다.

인간의 근육도 동물적 활동 범위에 맞춰 설계됐다

잘 디자인된 근육은 독수리가 날갯짓하듯 크게 활개를 칠 수 있어야 한다. 상하좌우로 크게 범위를 넓혀 움직일 수 있어야 한다. 사자나 치타 같은 초원의 동물이 사냥 전에 등을 길게 늘이는 것처럼, 인간도 수렵을 위해 대지를 달리고 창을 던지고 몸을 던져 싸우기 적합한 형태의 근육을 갖고 태어났다. 농경을 할 때도 큰 동작으로 땅속의 작물을 캐고, 땅 위의 작물을 베어야 했다. 생존을 위해 근육을 크게 사용하는 것이 당연했고, 근육 역시 그 같은 동물적 활동에 걸맞게 설계되었다.

그런데 움직이지 않고 고정된 자세로 오래 머무는 현대인의 삶은 넓은 활동 범위에 맞춰 설계된 근육의 디자인을 무시하고 묵살한다. 근육 본래의 디자인을 존중하고 활성화하기 위해서는 앉아 있는 패턴을 깨야 한다. 일상에서 하는 모든 활동도 운동이 되어야 한다. 큰 동작으로 청소하고 조리하고, 장을 볼 때도 보폭을 크게 해서 걸어야 한다. 모든 감각을 곤두세우고 모든 근육과 신경을 자극하며 움직여야 한다. 근육 하나하나가 살아 있다는 감각이 충만하게 느껴져야 근육을 지킬 수 있다.

사람마다 근육의 모양과 기능 자체가 다르다

근육의 수축 정도는 사람에 따라 다르다. 동일한 트레이닝을 해도 개인에 따라 수축하는 범위가 다르다. 근육이 크게 수축되는 사람이 있는가 하면 유난히 작은 사람도 있다. 이런 특성을 무시하고 일률적이고 강압적인 트레이닝으로 근육을 학대하면 오히려 역효과를 낼 수 있다.

예를 들어 무리한 트레이닝으로 근육을 과하게 수축시키면 힘줄이 길어지고 근육의 모양이 변형되면서 짧아진다. 그 상태에서 반복적으로 움직이면 결국 근육이 손상되거나 뻣뻣해진다. 미세 손상이 발생하고 동시에 근육이 커지면서 힘줄이 당겨진다. 이런 악순환이 불편감을 야기하면 결국 운동을 계속할 수 없게 된다.

자연스럽지 않은 일은 곧 병이 된다. 우리 몸도 본래 디자인된 대로 움직여야 탈이 나지 않는다. 디자인된 근육의 모양을 유지시키는 게 중요하다. 과도한 운동으로 본래의 형태를 바꾸려는 행동은 스스로 자기 몸에 학대를 가하는 것일 뿐이다.

STEP 2

근육 자극주의 환상에 빠지지 마라

많은 사람이 강도 높은 운동을 한 후 근육통이 생기는 걸 당연하다고 여긴다. 아프면 아플수록 더 큰 근육이 생길 거라 믿고, 근육은 자극을 많이 받는 게 좋다고 생각한다. 이런 식의 접근 방식을 흔히 '근육 자극주의' 운동이라 일컫는다. 하지만 이러한 생각과 진실에는 큰 차이가 있다.

무조건 이겨내는 게 능사는 아니다

힘든 과정을 이겨내는 것이 운동이고, 고통이 클수록 보상도 클 거라 생각하는 사람들이 있다. 아마 헬스장에서 중량 운동을 하는 대부분의 사람이 이런 생각을 할 것이다. 특히 근육을 크게 키우려는 사람은 이 같은 신념에 사로잡혀 몸을 혹사시킨다. 하지만 근육 속을 채우고 있는 섬유들은 움직이는 속도가 다르고, 그 안에서도 더 빠른 것과 덜 빠른 것, 더 느린 것과 덜 느린 것이 함께 자리하고 있다. 한 근육 안에서도 어떤 사람은 느린 섬유가 더 많고, 어떤 사람은 빠른 섬유가 더 많다. 그러니 분위기에 휩쓸려 '할 수 있다!'를 외치며 고통을 이겨내려 안간힘 쓰는 것은 미련한 행동이다.

사람마다 가진 근육의 조건은 모두 다르다. 자신의 한계치를 넘어서는 불편함을 감수하면서까지 억지로 움직여야 꿈에 그리던 몸을 갖게 될 것이라는 환상에서 벗어나야 한다. 진정한 운동은 자신의 가능성과 한계를 인정하고, 그 안에서 최선의 길을 찾는 데서 시작된다.

찢어지는 통증과 운동 후 뻐근함에 빠진 사람들

대퇴사두근과 햄스트링의 특징을 살펴보자. 근육은 단면이 클수록 강하다. 대퇴사두근은 인체의 근육 중 가장 큰 단면을 갖고 있다. 그러나 근섬유 자체는 짧다. 근섬유는 짧지만 단면이 커서 큰 힘을 낼 수 있다. 반면 햄스트링은 근육 하나하나의 단면이 작다. 큰 힘을 내기보다 빠른 속도를 내는 데 적합한 근육이다.

그런데 헬스장에서 운동하는 사람들을 자세히 관찰하다 보면 라잉 레그컬(벤치에 엎드린 후 롤패드를 양쪽 발목 뒤에 대고 무릎을 구부리는 운동기구)로 햄스트링을 펌핑하는 사람이 적지 않다. 트레이너들이 제안하는 방식도 비슷하다. 오래 앉아 있는 사람, 일자허리인 사람, 골반이 틀어진 사람에게 라잉 레그컬이 최고의 처방인 것처럼 이야기한다. 하지만 이런 식의 운동은 바람직한 트레이닝이라고 보기 어렵다. 큰 근육을 키우는 데 적합한 동작을 작은 근육에 퍼붓는 식이다. 당연히 효과는 얻기 어렵고 부상의 위험만 크다. 햄스트링을 단련하는 데는 스쿼트가 훨씬 더 효과적이다. 근육이 찢어지는 듯한 통증과 운동 후 남아 있는 뻐근한 느낌이 근육을 키우고 근력을 강화시켜 줄 것이라는 근육 자극주의 환상에서 벗어나야 한다.

STEP 3

중량으로 승부 걸지 마라

근력 운동은 근수축 종류에 따라 등척성Isometric, 등장성Isotonic, 등속성Isokinetic 운동으로 나뉜다.

등척성은 근육은 수축하지만 근육의 길이나 움직임에는 변화가 없는 운동이다. 벽을 미는 동작을 떠올리면 이해하기 쉽다. 브릿지나 플랭크 동작이 여기에 해당한다. 고정된 자세로 움직이지 않는 정적 운동이기 때문에 관절의 부담이 적다.

등장성은 근육의 길이와 관절의 각이 모두 변하는 운동이다. 등장성은 2가지 운동으로 나뉜다. 근육의 길이가 짧아지면서 힘이 발생하는 단축성 운동과 이와 반대로 근육의 길이가 길어지면서 힘이 발생하는 신장성 운동이 있다. 팔굽혀펴기와 턱걸이 그리고 덤벨이나 바벨을 이용한 운동, 즉 웨이트 트레이닝 동작 대부분이 여기에 해당한다. 근육의 길이를 짧아지게 했다가 늘어나게 하는 것을 반복하면서 근육에 상처를 내고, 그 상처를 회복하는 과정에서 근육이 성장하는 원리다.

등속성은 근육의 힘이 운동 전 과정에 걸쳐 최대가 되고 운동 속도도 일정하게 나타나는 운동이다. 병원이나 재활센터 등에서 고가의 기구를 사용해 운동선수의 근력 강화나 재활을 위해 사용하므로 일반인은 접할 기회가 거의 없다.

신장성 수축 운동에 집중하라

보통 근육 공부 좀 했다고 하는 사람들은 신장성 운동, 즉 근육의 길이를 늘이면서 힘을 쓰는 동작에 집중하는 경향이 있다. 덤벨 운동을 한다고 생각해보자. 덤벨을 들어 올릴 때 근육이 당겨지면서(근육이 짧아짐) 단축성 수축이 일어난다. 다시 덤벨을 천천히 내려놓을 때 근육이 펴지면서(근육이 길어짐) 내려가는 동안 근육은 신장성 수축을 한다. 동일한 상황에서 단축성 수축 운동과 신장성 수축 운동을 할 때 산소의 양이 더 많이 필요한 건 단축성 수축 운동이다. 신장성 수축 운동은 산소가 훨씬 적게 필요하다. 즉 신장성 운동이야말로 효율적인 운동이라 할 수 있다.

뿐만 아니라 신장성 수축 운동은 근육의 질을 높게 만든다. 같은 힘을 쓴다고 가정했을 때 단축성 수축이 신장성 수축에 비해 근육의 전기전도율이 2배가량 높게 나온다. 단축성 수축보다 신장성 수축이 훨씬 효율이 높은 것이다.

컨디션 난조를 부르는 오버트레이닝을 멈춰라

오버트레이닝은 욕심이다. 자신의 한계를 넘는다는 성취감을 얻을 순 있지만, 오히려 운동 능력을 떨어뜨리는 결과를 불러온다. 횟수나 강도를 오버해서 훈련하다 보면 근육이 쉽게 피로해진다. 그러면 몸이 회복하기 위해 더 많은 칼로리를 요구하기 때문에 식욕이 증가할 수 있다. 또 충분한 회복을 위해 더 많은 수면 시간을 요구하면서 수면의 질이 떨어진다. 결국 컨디션 난조는 실패를 부른다.

원하는 운동 효과를 얻지 못해 슬럼프에 빠지거나 흥미를 잃어 운동을 포기하는 경우도 흔하게 볼 수 있다. 근력 운동은 점진적인 과부하가 핵심이다. 서서히 성공하는 즐거움이 성공의 발판을 만든다는 사실을 잊지 말자.

STEP 4

운동 후 오는 쾌통에 속지 마라

운동과 세트처럼 떠오르는 단어가 부상이다. 운동을 하다 보면 부상은 피할 수 없는 것처럼 여겨진다. 하지만 부상은 잘못된 방식으로 운동했을 때 온다. 자신의 능력 범위를 넘어서는 운동, 근육 본래의 기능과 다른 방향으로 진행하는 운동이 부상을 부른다. 정상적이라면 어떤 자극을 받더라도 운동을 마친 뒤 부작용이 없어야 한다.

근육 학대가 계속되면 일어나는 일

과도한 트레이닝으로 근육이 계속해서 학대를 당하면 해당 근육을 감싸고 있는 신경과 혈관에 무서운 변화가 생긴다. 신경과 혈관이 과도한 스트레스에 노출되면 근섬유를 지원하기 위해 쓰일 혈액과 영양분 공급이 잘 이루어지지 않는다. 또 신경과 혈관이 눌리면서 통증이 발생한다. 내 몸을 위해 하는 운동인데 운동이 나를 아프게 하는 아이러니에 빠지게 된다.

그런데도 많은 사람이 이 행렬에 동참한다. 운동 후 찾아오는 뻐근한 통증, 즉 쾌통이 '운동 좀 한 것 같다'는 만족감을 주고 몸을 극적으로 변화시켜 줄 것이라는 기대감 때문이다. 하지만 통증은 뭔가 잘못되었다는 신호라는 사실을 절대 잊어서는 안 된다.

구조적 특성을 감안해야 안전한 운동이 가능하다

부위별 근육과 관절의 구조적 특성을 이해하는 것도 통증과 부작용을 예방하는 중요한 포인트다. 어깨는 웨이트 트레이닝 중 발생하는 부상의 36%를 차지할 만큼 부상 빈도가 높은 부위다. 어깨는 견갑상완관절, 견봉쇄골관절, 흉쇄관절, 견흉관절 등 여러 개의 관절과 힘줄, 근육, 인대, 관절막, 윤활낭 등 복잡한 구조로 이루어져 있다. 그런데 이러한 관절과 근육의 움직임을 정확히 인지하지 못한 채 무게를 올리는 데만 집중해 잘못된 방향과 방법으로 운동을 반복하면 근육 손상을 야기할 수 있다.

통증이 있다면 즉시 운동을 중단하고 휴식을 취해야 한다. 특히 밀기 운동을 자제하는 식으로 운동법을 바꾸는 것이 좋다.

일률적인 운동을 하던 시대는 끝났다

모든 운동은 기본적으로 맞춤 운동이어야 한다. 직업이 운동선수인 이들조차 강압적으로 일률적인 운동을 하던 시대는 끝났다. 이제 과학적인 방식으로 접근해 자신의 능력을 최대한 발휘할 수 있도록 이끄는 개인 트레이닝을 선호한다. 건강과 아름다움을 위해 운동을 한다면 자신의 신체적 특성과 능력 범위를 확인하는 것이 먼저다. 그다음 운동의 목적과 훈련 과정을 설계해야 한다. 자신에게 꼭 맞는 운동 프로그램을 설계하고 꾸준히 규칙적으로 관리하는 것이야말로 트레이닝의 핵심이다.

STEP 5

보충제 환상에서 벗어나라

근육을 키우기 위해 헬스장에 등록하면 으레 단백질 보충제도 함께 구매한다. 칼로리 걱정 없이 원하는 단백질을 간편하게 섭취할 수 있다니 얼마나 매력적인가. 다이어트나 식단 조절도 겸한다는 이유로, 혹은 섭취의 편의성 때문에 보충제에 의존하는 경우가 많다. 하지만 '보충제 섭취가 곧 근육'이라는 환상은 건강을 해칠 수 있다.

근합성 돕는 단백질의 효과

운동 후 단백질을 보충하면 인슐린 분비를 촉진해 근합성(근육 생성)에 도움이 된다. 운동으로 체내에 고갈된 글리코겐을 단백질로 보충하면 효과를 극대화할 수 있다. 운동 후 단백질 보충제 섭취는 이런 원리를 바탕으로 한다.

단백질 보충제는 원래 고강도의 근육 운동을 하는 선수들이나 평소 단백질 섭취가 어려운 노인들의 영양 보충 수단이다. 콩을 비롯해 우유, 달걀, 소고기 등 다양한 원료가 있지만 우유를 활용한 유청 단백질이 가장 널리 사용된다. 분말 형태가 많으며, 운동 후 30분에서 1시간 이내에 섭취하는 것이 가장 효과적이다.

과다 섭취하면 간과 신장에 무리를 준다

중요한 것은 섭취량이다. 단백질은 1일 총열량의 25~30% 수준을 섭취해야 한다. 이를 넘으면 하루 5시간 이상 운동하는 전문 선수가 아닌 이상 간이나 신장에 무리를 줄 수 있다. 최근 먹기 간편해서 주목받고 있는 음료형 단백질 보충제도 주의할 필요가 있다. 일부 제품은 당 함유량이 성인 하루치 권장량인 50g의 절반에 달하기 때문이다.

단백질 보충제는 성인의 경우 몸무게 1kg당 0.9g을 섭취하면 된다. 정기적으로 운동을 하고 있다면 1kg당 1~1.5g을 물이나 우유, 두유 등에 타서 섭취한다. 고령이나 질병 등으로 인해 근육량이 줄어든 경우라면 1.1~1.2g이 적당하다. 운동선수들은 대부분 약 2g을 섭취한다.

식품을 통한 섭취가 가장 좋다

몸에 가장 좋은 것은 고기, 생선, 달걀, 콩 같은 진짜 음식이다. 시중에 나와 있는 어떤 보충제도 자연식보다 우월할 순 없다. 다만 단백질 식품 자체의 칼로리가 높아 식품으로만 섭취하는 게 부담이 될 경우 또는 식사만으로 부족한 단백질 섭취량을 채우고 싶을 경우 보충제를 보조적 수단으로 이용할 수 있다. 특히 노년층처럼 소화력이 많이 떨어져 있는 경우 큰 도움이 된다. 다만 보충제는 보충제일 뿐 결코 양질의 식사를 대체할 수 없다는 점을 기억하자.

| 식품별 단백질 함유량 |

식품	단백질 함유량(100g 기준)
닭가슴살	23g
소고기	21g
연어	20g
아몬드	18.6g
두부	8.5g
달걀 1알	7.1g
우유(100mL)	3.6g

M

PART 2

근육이 가난한 자들이 겪는 고통

근육 감소 한 방이면
공든 탑이
와르르 무너진다

STEP 1

근육에 문제가 생겼다는 신호 읽기

어느 날 갑자기 병뚜껑이 잘 안 열리고, 한 번에 두세 칸씩 빠르게 오르던 계단도 힘에 부쳐 천천히 올라가게 된다. 예전과 다르게 같은 자세를 유지하며 앉아 있기가 어렵다. 의자에 앉아 있으면 나도 모르게 다리가 양쪽으로 쩍 벌어지는 느낌이 든다. 물건을 드는 힘도 많이 떨어진 것 같고, 가끔 길을 걷다 다리에 힘이 탁 풀릴 때가 있다. 별일 안 해도 쉽게 피로가 찾아오고, 다음 날이 되어도 잘 회복되지 않는다. 이는 근육에 문제가 생겼다는 신호다.

어느 날 갑자기, 조용히 사라져 버리는 근육

관절이나 신경의 문제라고 생각했던 여러 증상 중 상당수가 사실은 근육의 부상이나 손실 때문에 발생한다. 몸을 움직이는 힘이 근육에서 나오기 때문이다. 그런데 부상이나 질병이 없어도 운동을 하지 않으면 나이가 들면서 자연스레 근육이 사라진다. 이를 '근감소'라고 한다.

근감소란 근육의 질량이 작아지는 현상이다. 어느 날 문득, 몸이 예전 같지 않다는 생각에 살펴보니 근육이 증발해 사라진 것이다.

문제는 근감소가 근감소증으로 진행된다는 데 있다. 1980년대 미국 어윈 로젠버그 교수가 근육량의 저하로 발생하는 근감소증을 처음 정의하면서 이 질환이 다른 질환으로 연결될 수 있다고 밝혔다. 근감소의 과정은 수십 년에 걸쳐 천천히 진행되기 때문에 대부분 큰 병이라 여기지 않는다. 오히려 자연스러운 현상이라 받아들인다. 그러다 일상생활 중 힘에 부치는 때가 오거나 불편감, 통증 등을 통해 문득 그 차이를 깨닫게 될 때 근감소를 문제로 인식하게 된다.

근감소가 나타나면 일단 근육의 양 자체가 적어지고, 심해지면 팔이나 다리의 둘레 사이즈가 줄어든 것을 육안으로 확인할 수 있다. 또 온몸에 힘이 없고 무기력해진다. 다리나 허리 부위가 저리거나 통증이 발생하기도 한다. 허리가 아프면 우리는 언뜻 디스크를 떠올리지만, 허리 통증의 원인 중 디스크 문제는 얼마 되지 않는다는 게 학계의 정설이다. 실제 가벼운 근력 운동만으로 허리 통증에서 벗어나는 사례는 얼마든지 찾아볼 수 있다.

이런 질환도 근감소증 때문이라고?

근감소증의 고위험군은 당연히 고령자다. 전문가들은 75세 이후 초고령기를 고위험군으로 분류하고, 80대의 절반은 근감소증 상태로 보고 있다. 대사성 만성질환 중 특히 당뇨는 아주 무서운 위험인자인데, 실제 노인성 당뇨 환자는 대부분 근감소증을 앓는 것으로 알려져 있다. 일단 당뇨로 확진되면 이전으로 되돌아가기 어렵고, 그 자체로 다른 질환을 일으키는 요인이 되므로 더욱 관심을 기울여야 한다.

근육은 포도당을 저장하고 태우는 역할을 한다. 그런데 근육량이 감소하면 포도당을 흡수하는 능력이 떨어지면서 혈당이 오르고 전반적인 신진대사가 떨어진다. 그러면 남아도는 포도당이 지방의 형태로 축적되면서 비만이 되고, 고지혈증 등 심혈관 질환에 걸리기 쉽다. 기도와 식도 역시 근육으로 되어 있어 근감소증이 진행되면 소화나 호흡에 어려움을 겪기도 한다. 또 간경변 등의 간질환과 만성 폐질환도 근육 감소와 밀접한 관련이 있다. 뼈 건강에도 악영향을 준다. 근육이 줄어들면 관절과 뼈의 골밀도 역시 연쇄적으로 약해지기 때문이다.

근육이 사라지면 치매 위험이 높다

치매는 백세시대를 위협하는 최악의 적으로 꼽힌다. 전 미국 대통령 로널드 레이건과 전 영국 총리 마거릿 대처도 치매로 말년을 고통스럽게 보냈다. 그 누구도 피해 갈 수 없는 게 치매다. 그런 치매를 일으키는 위험 요인 중 하나가 바로 근감소다. 근육이 부족하다는 것은 몸에 단백질이 부족하다는 뜻이고, 단백질을 기본 원료로 하는 신경전달물질이 부족하다는 의미다. 부족해진 신경전달물질은 인지능력을 떨어뜨리고 알츠하이머 같은 뇌질환의 발병을 촉발한다.

40~50대라고 해도 안심할 수 없다. 이 시기에 이르면 이미 만성질환이 시작되고 근육의 감소 속도가 빨라지기 때문이다. 최근에는 부족한 야외활동과 생활 습관 등으로 근육이 감소하기 시작하는 연령대가 20~30대까지 내려가고 있어 주의가 필요하다.

걷기를 위협받는다

근육이 줄면 근력이 떨어지고 운동 능력이 저하되면서 잘 걷지 못하고 자주 넘어진다. 그 결과 낙상이나 골절의 위험이 커진다. 특히 무릎 주변의 근육이 줄어 약해지면 무릎연골연화증의 발병 위험성이 크게 높아진다. 근육량이 적은 중년 여성들에게 많이 발생하는 무릎연골연화증은 무릎뼈의 관절 연골이 약해지거나 손상을 입은 상태로, 무릎 앞쪽이 뻐근하게 아픈 증상이다. 오래 앉았다가 일어날 때 무릎뼈를 잡아주는 근육의 약화로 뼈들이 서로 부딪히면서 염증이 발생하는 것이다. 영화관에서 장시간 영화를 보고 자리에서 일어날 때, 무릎을 쪼그려 앉거나 굽힐 때 무릎 앞부분이 시큰거리고 쑤시는 통증을 느낀다면 무릎연골연화증을 의심해볼 수 있다. 비행기처럼 좁은 교통수단 안에서 무릎을 펴기 힘들 때도 이 같은 증상이 나타날 수 있다.

무릎을 움직일 때 뭔가 걸리는 느낌과 마찰음이 있다면 근감소가 시작된 건 아닌지 주의 깊게 살펴보자. 무릎이 좋지 않으면 관절의 가동 범위 역시 나빠져 일상생활을 하는 데 불편을 초래할 수 있다.

STEP 2

당신이 진짜 아픈 원인은 결국 근감소다

근감소증은 '근절Sarcomere'이라는 단어에서 유래했다. 용어 그대로 풀이하면 근육의 사이즈가 작아지는 현상을 의미한다. 근육량이 비정상적으로 줄어들어 근력이 저하되고 신체 활동이 원활하지 않은 질환이다. 실제 근감소증을 앓는 사람은 팔과 다리를 비롯해 몸 전체의 근육량과 근력이 건강한 사람에 비해 현저히 떨어진다. 그러나 흔히 말하는 근위축과는 조금 다르다.

근감소증은 치료가 필요한 질병이다

의학적으로 근감소증은 노화와 관련한 근육량의 감소이자 근력의 감소라고 정의한다. 근감소증에 대한 심각성은 1990년대 후반부터 인지했지만 질병으로 인정받기까지는 꽤 오랜 시간이 걸렸다. 미국은 2016년 근감소증에 대해 질병코드를 부여했다. 우리나라는 조금 늦은 2021년 근감소증을 질병으로 분류하고 치료에 나서고 있다. 근감소증은 노화로 인해 자연스럽게 근육이 줄어들면서 발생하지만, 신체 활동 부족이나 영양 불균형 같은 이유로 비교적 젊은 나이에 발병하기도 한다.

근육량은 한 번 감소하면 기초대사량과 신체 활동량이 함께 줄어들면서 이미 긴밀한 관계를 맺고 있는 이 요소들이 복합적으로 작용해 감소 속도가 더욱 빨라진다. 조금 불편감은 있지만 병원에 가야 할 정도의 자각 증상은 없어 근감소를 알아차리기도 쉽지 않다.

근감소증을 판단하는 기준

근감소증은 질병으로 분류된 지 얼마 되지 않아 명확한 진단 기준이 아직 없다. 다만 몇 가지 방식으로 근육의 양과 기능을 종합적으로 평가해 진단한다.

우선 악력을 테스트한다. 악력 평균은 남성 30kg, 여성 20kg 이상인데 남자는 28kg, 여자는 18kg 미만이면 근감소증으로 의심한다. 보행 속도 역시 중요한 판단 요소다. 걷는 속도가 1초에 0.8m도 미치지 못할 정도로 느릿느릿 걷는다면 근감소로 의심한다. 의자에서 앉았다 일어나기 5회를 10초 안에 하지 못하면 이 역시 근감소증으로 본다.

마지막 진단 방법은 제2의 심장인 종아리의 굵기를 재는 것이다. 양손의 엄지와 검지로 동그라미를 만들어(핑거링Finger-ring) 종아리의 가장 굵은 부분을 감쌌을 때 종아리가 핑거링보다 얇으면 근감소증으로 판단한다. 연구에 따르면 근감소증 환자의 82%는 종아리 둘레가 32cm 미만인 것으로 조사됐다.

치료제가 없어 예방만이 최선이다

안타깝지만 아직 근감소증에 대한 치료제가 없다. 그렇다면 근육이 빠져나가는 걸 구경만 해야 할까? 아니다. 우리가 할 수 있는 방법이 있다. 바로 균형 잡힌 식사와 운동이다. 우선 운동으로 미리 근육을 채우고 지켜나가야 한다. 흔히 근력 운동이라고 하는 '저항성 운동'이 효과적이다. 운동은 근육을 직접 자극하는 가장 정확하고 빠른 방법이다. 근력 운동을 하면 근육의 힘이 강해질 뿐 아니라 근육량을 늘리고 근력도 향상시킬 수 있다. 관절의 유연성이 올라가면서 골밀도가 높아져 골다공증도 예방할 수 있다.

앞에서도 언급했듯 양질의 풍부한 단백질을 섭취하는 것도 좋은 예방법이다. 건강한 일반 노년층에게 권장하는 일일 단백질 섭취량은 체중 1kg당 0.8~1.2g이다. 예를 들어 70kg의 성인이라면 하루에 70g의 단백질을 섭취해야 한다. 하지만 근감소증이 나타났다면 체중 1kg당 1.2g의 단백질을 섭취하는 게 좋다. 근감소증이 진행된 사람은 건강한 일반인보다 단백질을 더 많이 섭취해야 근육의 상태를 개선할 수 있기 때문이다. 단백질 결핍이 심하다면 자신의 체중 1kg당 1.5g의 단백질을 섭취하면 좋다.

STEP 3

근육이 약해지고 줄어드는 이유

근감소는 한두 가지 원인으로 나타나는 증상이 아니다. 앞에서도 말했듯 가장 큰 원인은 나이 듦에 따른 노화다. 신체 활동 부족과 운동 부족은 물론 영양 불균형도 한몫한다. 일부 연구에서는 비만을 지목하고, 또 당뇨와 에이즈, 신장병 등 다양한 종류의 병을 원인으로 거론하기도 한다. 이처럼 근감소의 원인은 선천적·후천적으로 아주 복잡한 관계를 맺고 있기 때문에 한 가지 원인을 콕 짚어 이야기하기가 어렵다.

근감소로 나타나는 결과 역시 복잡하기는 마찬가지다. 근육 조직의 기능이 손상되어 근육 약화에서부터 근육 경련, 통증, 불규칙한 움직임, 근육 강축에 이르기까지 다양한 증상으로 발현된다.

근육도 노화를 피할 수 없다

인체의 근육량은 30세 전후로 절정에 올랐다가 곧 내리막길을 걷는다. 노화에 따른 자연스러운 결과다. 35세 이후 근육은 1년에 1~3%씩 감소하고 45세가 넘어가면 5~6%, 급기야 70대가 되면 절반 수준으로 줄어든다. 나이가 들면 근육을 만드는 단백질 대사가 둔화되고 근육 성장에 관련한 호르몬의 생산이 줄어들어 근육량이 자연히 감소한다. 이로 인해 보행 속도가 현저히 느려지고 심할 경우 침대에서 일어나기, 계단 내려오기 등 사소한 움직임을 할 때도 주변의 도움을 받아야 하는 상황이 발생한다. 뼈와 관절을 잡아주는 힘이 약해져 골격계가 받는 압박이 커지면서 통증이 나타나고, 안정성이 떨어지면서 골절의 위험도 커진다.

운동 부족이 근감소를 가속화한다

근육 소실의 두 번째 원인은 운동 부족이다. 일부러 시간을 내 운동을 하지 않는 한 현대인은 오래 걷거나 뛰는 일이 거의 없다. 각종 교통수단과 기술의 발달도 운동 부족을 가중시킨다.

우리나라는 전반적으로 운동 부족이 심각한 수준이다. 서양인과 비교할 때 에너지나 운동 능력이 20년 정도 차이가 난다. 특히 1955

년 이전에 태어난 지금의 노년층은 운동을 해본 경험이 거의 없다. 산업화 과정에서 경제적으로 힘든 시기를 지나온 세대라 더 그렇다. 배운 적 없는 운동을 노년기에 갑자기 시작하면 효과를 보기 어렵다. 많은 노인이 공원에 있는 운동기구를 사용하는데, 사용법을 숙지하지 않고 임의로 사용하기 때문에 오히려 근육통이나 부작용을 겪는 경우가 많다.

운동을 하는데도 오히려 근육이 빠지는 경우도 있다. 잘못된 운동이 근감소를 가속화하는 것이다. 가령 많은 사람이 공복인 상태로 아침에 운동을 하는데, 이는 근육을 줄어들게 만들 수 있어 주의가 필요하다. 특히 근감소가 이미 시작된 경우라면 공복에 하는 운동은 중단하는 것이 좋다. 우리 몸은 오전 6~10시 사이에 몸을 깨워주는 호르몬 코르티솔을 분비하는데, 이 성분이 근육 분해를 촉진하기 때문이다. 그래도 아침 운동을 하고 싶다면 근력 운동 1~2시간 전에 간단한 식사를 하고, 운동을 마친 후 유산소 운동을 덧붙이면 좋다.

근육을 줄어들게 만드는 또 다른 6가지 원인

근감소의 원인은 일반적으로 노화의 영향이 가장 크지만, 호르몬 변화와 신체 활동 감소 등도 중요한 원인이다. 이밖에 영양 결핍이나 만성질환, 특정 약물 사용 등도 영향을 미치는 것으로 알려져 있다.

1. 신체 활동의 부재

의자에 앉아 있는 시간이 절대적으로 많은 현대인은 대부분 신체 활동이 부족하다. 편리한 이동 수단에 코로나19 팬데믹 이후 배달 문화까지 더해져 좀처럼 움직일 일이 없다. 신체 활동이 적어지면 자연스럽게 근육량이 떨어지고 근손실이 발생한다.

잘못된 자세 또는 같은 자세를 오래 유지하는 것도 근감소의 원인이 된다. 장시간 같은 자세로 앉아 공부하는 학생, 일주일 내내 모니터 앞에 앉아 격무에 시달리는 직장인 모두 움직임과 거리가 멀다. 육아와 살림처럼 편향된 관절만 사용하는 주부 역시 다르지 않다. 이처럼 날마다 같은 자세를 오래 유지하면 근육에 피로가 누적되면서 근육이 점점 굳고 관절이 불균형해지며, 주변 인대와 뼈에 큰 압력이 가해진다. 그러면 근육 통증과 염증으로 인해 근육이 빠지기 쉽다.

2. 영양 결핍

불충분한 칼로리와 영양을 불균형하게 이룬 식단은 체중 감소와 함께 근육량 감소를 초래한다. 그중 가장 문제가 되는 것은 단백질이 부족한 식습관이다. 몸에 단백질이 부족하면 몸이 구부정해지기 쉽다. 각종 염증 질환과 혈액순환 장애가 발생할 가능성이 높으며 면역 저하까지 초래할 수 있다.

3. 비만

움직이지 않으면 살이 찌고, 살이 찌면 더 움직이기 싫어지는 악순환이 반복된다. 움직이지 않는 근육에선 단백질이 빠져나가고 그 자리에 지방과 불순물이 들어차 통증과 불편감을 유발한다. 몸이 아프면 더 움직이기 싫어져 비만이 가속화된다.

4. 만성 신장질환

만성질환, 그중에서도 신장의 기능 저하는 단백질 생산과정을 손상시켜 근육세포를 재생하는 능력을 떨어뜨린다. 신장이 망가지면 신진대사적으로 산화가 진행되고 염증이 발생한다. 또한 인슐린 저항성이 떨어지고 부신피질 호르몬의 분비에 문제가 생긴다. 혈액을 생성하는 과정에서도 단백질 합성을 방해하고 파괴해 근육 재생 기능을 떨어뜨린다.

신장은 스트레스에 매우 민감하게 반응하는 기관이다. 유일하게 우리가 잠을 잘 때 쉬는 장기인데, 수면이 부족하면 신장이 계속 일하는 상황이 유지된다. 신장을 쉬게 하려면 잠을 충분히 자야 한다. 이는 곧 숙면이 근육을 지키는 방법 중 하나라는 이야기다.

5. 당뇨

혈당이 높아져 모세혈관까지 피가 잘 가지 못해 말초 근육과 신경 등에 영양 공급이 원활하게 이루어지지 않으면 자연스럽게 근육 생성에도 문제가 생긴다. 근육은 포도당을 관장하며 대사하는 역할을 하는데, 줄어든 근육 때문에 포도당이 대사되지 못하면 다시 당뇨가 악화될 수 있다.

6. 호르몬 불균형

나이가 들면 호르몬 분비가 원활하지 않고 호르몬에 의해 일어나는 대사 작용 역시 둔화되면서 각종 호르몬의 불균형이 발생한다. 이러한 호르몬에는 성장호르몬이나 성호르몬 등 근육의 재생과 성장을 돕는 호르몬이 포함되어 있다. 즉 호르몬이 모자라면 근육 건강에도 타격을 입는다.

청년 근육투자자들 타격 입히는 근육 감소와 강축

STEP 1

35세부터는
근육이 계속 빠진다

근감소는 누구에게나 일어난다. 특히 나이가 35세를 넘었다면 절대 안심할 수 없다. 30대에 최고치를 찍은 근육량은 매년 1%씩 감소하고, 35세부터는 실제로 유의미한 수준의 근손실이 발생한다. 아직 젊다고 방심해서는 안 된다. 앉아서 생활하는 시간이 많고 운동량은 계속 줄어들며, 평소 각별히 건강관리를 하고 있지 않다면 젊은 나이에도 근손실이 닥칠 수 있다. 근감소는 노년의 일이라고 생각할 게 아니라 아직 젊을 때 근감소를 늦출 수 있는 전략을 세워야 한다. 자신의 평소 운동량을 체크하며, 경각심을 갖고 적절한 식단과 운동으로 다가올 근감소에 맞서야 한다.

몸이 예전 같지 않다는 느낌을 흘려버리지 마라

어느 날 건강검진 등의 이유로 키를 측정했는데 이전보다 작게 나오는 경우가 있다. 그렇다면 척추기립근에 문제가 생긴 건 아닌지 의심해봐야 한다. 물건을 들어 옮기거나 계단을 오르는 등 일상적인 행동이 전보다 힘들고 몸이 찌뿌둥하며 컨디션이 평상시 같지 않다면 근감소증의 초기 증상일 수 있다. 업무 능력이 감소하는 것도 마찬가지다. 특히 컴퓨터 앞에 앉아 오랜 시간을 보내야 하는 직장인들은 어깨와 허리에 만성 통증이 발생하는 경우가 많은데, 잦은 근육통 역시 근손실을 의심해볼 만한 사안이다. 근손실이 발생하면 남성의 경우 예전보다 추위를 더 타기도 한다. 몸속 에너지를 태워 체온을 올려줄 근육 자체가 줄어들기 때문이다.

운동으로 근손실의 진행을 늦출 수 있다

근감소증을 완전히 되돌려 이전과 같은 몸 상태를 만들기는 어렵지만, 근손실이 천천히 진행되게 하는 것은 가능하다. 특히 30세 이후 어떤 생활을 하느냐에 따라 근육을 잘 보존할지, 아니면 근육이 사라지는 것을 속절없이 바라만 볼지 결정된다.

생각하기에 따라 정말 간단할 수도 있고 정말 어려울 수도 있는 운동이 스쿼트와 런지, 플랭크 같은 동작이다. 이 근력 운동에 유산소 운동을 더해 규칙적으로 병행하는 습관을 들여야 한다. 이처럼 유산소 운동과 무산소 운동을 함께 실천하면 보다 효율적으로 근육을 지키고 키울 수 있다. 일주일에 3회 이상 스트레칭이나 요가 등 유연성 훈련 운동을 곁들이면 더욱 좋다.

뼈와 근육의 밀도를 높여주는 식단

먹는 것도 중요하다. 일이 바빠서 또는 다이어트를 한다고 대충 때우는 식사는 근육 성장을 저해하고 근손실을 가속화한다. 탄수화물, 단백질, 지방 등의 영양이 골고루 포함된 균형 잡힌 식단을 꾸준히 실천하는 것은 근육을 지키는 기본 중의 기본이다.

류신이 많이 들어 있는 달걀흰자와 청국장 같은 발효 대두는 근손실을 예방하기 위한 추천 식품이다. 요거트 및 유제품, 항산화물질과 파이토케미컬이 풍부한 녹황색 채소와 신선한 과일도 적절히 섭취하면 좋다. 뼈와 근육의 밀도를 높여주는 비타민D와 혈액순환을 좋게 만드는 아르기닌 성분이 풍부한 호박씨, 견과류도 날마다 조금씩 섭취하면 근손실을 막는 데 도움이 된다.

STEP 2

근육 통증과 강직에 불을 붙이는 도화선, 근감소증

팔의 뼈나 인대를 다쳐서 몇 주간 깁스를 하다가 풀면 깁스를 했던 쪽의 팔이 반대쪽 팔보다 조금 얇아진 듯한 느낌을 받는다. 오랫동안 근육을 사용하지 않아 일시적으로 근육이 줄어드는 근위축이 온 것이다. 근위축은 근섬유의 수가 감소해 근육의 크기가 줄어드는 현상인데, 깁스를 한 경우 일시적인 작용이라 곧 회복된다. 그러나 근육의 강직이나 강축은 조금 다른 문제다. 일시적인 근위축과 달리 구조적인 문제라 회복이 어렵다.

근감소증은 근육량만 줄어드는 게 아니다. 단백질이 빠져나간 근육섬유에 변화를 일으키고, 나아가 뼈의 밀도까지 줄어들게 만든다. 강축은 그로 인해 발생하는 문제다. 근육섬유가 변하면서 통증, 근신경계의 손상, 근육 강직이 따라오고 이는 곧 강축으로 이어진다.

딱딱해지는가 싶더니 어느새 섬유화까지

근감소가 일어나면 근육 안에 있는 탄성섬유들이 줄어든다. 근육 안에는 탄성섬유뿐 아니라 탄성이 없는 비탄성섬유도 분포해 있다. 탄성섬유와 비탄성섬유의 비율이 맞아야 건강한 근육을 유지할 수 있다. 그런데 근감소가 일어나면 탄성섬유가 줄어들면서 균형이 깨진다. 건강한 근육은 탄성섬유가 비탄성섬유보다 많다. 탄성섬유의 수가 줄면 비탄성섬유의 활약이 상대적으로 커지는데, 그 과정에서 근육이 딱딱해진다. 그렇게 되면 관절은 압박감과 통증을 느끼게 된다. 자연스레 움직임이 작아지고 느려지며 어색해진다.

강직은 근육이 감소하면서 관절에서 발생하는 불안감을 보완하고 안정성을 높이기 위해 근육이 딱딱하게 과긴장하는 상태로 시작된다. 근육 감소가 지속적으로 진행되면 근육 내 비탄성섬유의 비중이 더 커지면서 근육은 더 딱딱해진다.

근육의 질이 낮아지면 근육 강축이 온다

근육이 수축하는 빈도가 늘어나면 어느 순간 과도하게 수축하게 되는데, 그 이후부터 근육은 지속적으로 수축하려는 경향성을 갖게 된다. 이 현상을 '강축'이라고 한다. 근육섬유에 구조적인 변화가 생기면서 되돌릴 수 없는 상태로 바뀌는 근육섬유의 기능 변화를 일컫는다.

강축이 오면 근육은 움직이기 힘들어진다. 움직임이 줄어들면 근육이 빠져나간 자리에 지방이 채워진다. 근육이 지방으로 대체되고 근육섬유가 사라진 자리는 다른 이물질이 차지한다. 그것을 뇌는 뻐근하고 불편한 느낌으로 감지한다. 통증을 느끼기 시작하는 것이다.

지방이 스며든 근육은 질이 낮아져 근육의 효율이 떨어지면서 뜻대로 잘 움직여지지 않는 악순환에 빠진다. 결국 근육 강축이 계속 진행된다. 강축이 더 진행되어 근육이 섬유화 과정에 들어서게 되면 근육은 본연의 기능을 상실한다.

STEP 3

근감소보다 무서운 것이 강축이다

근육섬유 안에는 내재 섬유와 외재 섬유가 있는데, 내재 섬유 안에 '근방추Muscle Spindle'라는 센서가 있다. 근방추는 늘어나고 줄어드는 근육의 길이를 적절한 상태로 유지시켜 주는 특수한 근섬유 집합체다. 쉽게 말해 근육의 길이 변화를 알아차리는 감지 장치다.

어떤 이유로 인해 근육이 늘어나면 근방추가 작동해 근육을 수축시킨다. 문제는 근육뿐 아니라 근막까지 함께 단축시킨다. 그러면 힘줄, 인대 등 관절 주변의 모든 조직이 경직되면서 관절의 가동 범위가 좁아진다. 이때 무리해서 움직이면 통증이 발생한다. 이 같은 일련의 과정이 만성적인 단계에 이른 상태가 강축이다.

고관절이 자꾸 집히고 아프고 무겁고 저리다면

강축은 주로 관절에서 시작되며, 사용하지 않는 근육이나 상처 입은 근육에서 발생한다. 하지만 근감소가 일어나는 곳 어디에서든 발생할 수 있다. 근감소가 일어날 만한 연령대인데 엉덩이나 고관절이 자꾸 집히고 아프고 무겁고 저리다면 강축이 일어났을 가능성이 매우 높다.

관절염이 있거나 마비 증세가 있는 사람도 흔히 강축에 노출된다. 강축이 오면 관절의 움직임에 제한이 생겨 관절을 정상적으로 움직일 수 없고, 주변 근육은 물론 뼈 부위까지도 근육이 단축된다. 척추측만 역시 근육 강축에서 시작되었을 거라고 많은 전문가가 말한다.

강축은 누구에게나 올 수 있다. 젊은 사람도 예외는 아니다. 특히 고관절과 관련한 강축은 20대도 흔히 겪는 문제다. 그 이유가 정확하게 밝혀지진 않았지만, 근감소가 매개체가 되는 것은 분명하다. 미용사나 연주자, 요리사, 운전기사 등의 직업군에서 보이는 반복적이고 나쁜 자세가 원인이 되기도 한다. 또 스트레스로 인한 근손실이나 유연성 부족도 강축의 원인으로 작용한다.

근육 강축이 일어나는 이유

최근 〈생리학 저널The Journal of Physiology〉에 '새로운 관점'이라는 제목으로 강축에 대한 논문이 발표됐다. 이 논문은 근육 강축이 일어나는 원인에 대해 연구했다. 말초에 있는 근육이 감소하면서 일어나는 강축이 누구에게는 일어나고 누구에게는 일어나지 않는 현상을 통해 강축을 예방할 수 있지 않겠냐는 기대에서 시작한 연구다.

연구에 따르면 강축은 빈번한 근육 수축에 대해 뇌가 보내는 신호에 의해서만 일어나지 않는다. 우리 몸의 항상성을 유지하려면 다양한 기능이 유기적으로 작동해야 하는데 그 기능이 원활하지 않을 때, 즉 항상성 유지 시스템에 오류가 발생하면서 근육 강축이 일어난다고 분석했다.

근육의 슈퍼히어로, 엠토르의 역할과 중요성

근육은 성장한다. 근육뿐 아니라 뼈와 힘줄, 관절 주머니도 자란다. 이 모든 인체 조직의 발달에 있어 가장 중요한 메신저는 '엠토르mTOR'다. 단백질을 합성하고 결합조직을 단단하게 만드는 엠토르와 마이오스테인이 계속 분비되어야 근육을 더욱 강하게 만들 수 있다.

인체는 걸을 때 발목이나 다리로 가는 충격을 받아낼 수 있도록 대사성을 끌어올리는 효소와 단백질을 추가적으로 합성한다. 그 효소들은 뇌에서 나온다. 또 인체는 어떤 신체 활동을 하든지 간에 그 활동들이 근육을 계속해서 자극해야 한다. 예를 들어 걸을 때 발이 바닥에 닿을 때마다 적절하게 장력이 발휘되도록 그 부위에 장력과 텐션을 만들어줘야 한다. 뿐만 아니라 계속 피를 공급해 혈관이 단단해지고 더 많은 혈관이 생성될 수 있도록 화학작용도 원활하게 이루어져야 한다. 이런 식으로 우리 몸은 서로 긴밀하면서 유기적으로 움직인다.

그런 의미에서 강축은 단지 근육 감소로 인해 근육섬유가 뻣뻣해지는 증상만을 의미하지 않는다. 어느 특정 부위에 강축이 와서 엠토르 공급이 줄어들면 뇌는 전체 근육에서 정상적인 대사가 일어나지 않는다고 판단한다. 초기에는 괜찮지만 곧이어 몸 이곳저곳에서 문제가 발생하면 우선 고치려고 노력한다. 그런데 시간이 지나도 개선되지 않으면 뇌는 급기야 그 비정상적인 상태를 '정상적인 상태'로 인식하게 된다. 그러면 근육이 수축하고 이완하는 사이클이 제대로 돌아가지 않는다. 결국 수축형 근육이 많아지고, 이는 강축형 근육으로 이행된다.

보상작용이 부른 참사

근육 감소를 지연시키기 위해서는 관절의 가동 범위를 확보하는 게 아주 중요하다. 관절의 가동 범위가 제한적인데 근육의 힘에만 집중하면서 강행하는 트레이닝은 근신경계의 건강한 신호 체계에 방해가 될 뿐이다.

그런데 여기서 궁금증이 생긴다. 왜 끊이지 않고 근육 수축이 일어나 강축까지 가는 걸까? 일상에서 생활하다 보면 뭔가 강력한 힘을 받거나 갑자기 관절이 휘청할 때가 있다. 그러면 관절이 늘어난 쪽은 깜짝 놀라면서 늘어났던 그 근육을 곧바로 수축할 수 있게 뇌가 지시를 내리도록 전달한다. 이때 근육을 보호하려는 생각이 강하면 강할수록 과도한 수축이 일어난다.

또 늘어난 근육을 주변 근육들이 불안하게 여겨 더 이상 늘어나지 않도록 근육을 붙들고 보호하는 보상작용이 일어난다. 그 결과 움직임이 제한될 뿐 아니라 정적인 자세에서도 변형이 온다. 주변 근육들의 지원과 보상작용이 오히려 강축을 야기하는 것이다. 그러면 해당 부위는 움직임이 줄어들어 다시 근감소가 발생한다. 그래서 근감소보다 무서운 것이 바로 강축이다.

STEP 4

과도한 다이어트는 근감소에 이어 뼈 감소까지 부른다

외모를 가꾸기 위해 극단적으로 굶는 다이어트를 하는 사람들이 많다. 굶으면 당연히 체중은 줄어들겠지만, 줄어든 체중에는 지방뿐 아니라 근육과 뼈 무게까지 포함되어 있다는 무서운 사실을 간과해서는 안 된다. 시간이 지나면 지방은 다시 차오르지만 잃어버린 근육과 뼈는 되찾을 수 없다. 몸이 다이어트와 요요를 오가는 동안 탈모나 골다공증 같은 노화 증상을 겪는 수많은 사례를 기억해야 한다.

살 빼려다 뼈와 근육까지 놓친다

정형외과에 가면 팔이나 다리에 깁스를 하고 있는 중년기 이후의 여성들을 많이 본다. 골감소증이나 골다공증이 폐경기 여성에게 나타나는 대표적인 질환이라는 사실을 알 수 있는 모습이다.

골다공증은 일반적으로 폐경기나 갱년기 여성에게서 발병률이 높지만, 최근에는 젊은 여성들 사이에서도 꾸준히 늘고 있다. 그 중심에 과도한 다이어트가 자리하고 있다. 짧은 시간 안에 효과를 보려는 무리한 다이어트는 영양 불균형을 부르고, 호르몬 분비를 교란시켜 근육과 뼈를 마르게 한다. 아름다움을 얻으려다 인체를 세우는 가장 중요한 뼈와 근육을 내주는 결과를 초래하는 것이다.

뼈 속에 구멍이 송송 생기는 골다공증은 골밀도가 감소하고 칼슘이 부족해지면서 뼈의 강도가 약해져 쉽게 골절되는 질환이다. 영양 불균형과 운동 부족 등으로 갑작스럽게 호르몬이 감소하면서 골격대사나 칼슘대사에 이상이 생기고 골질량과 골밀도가 감소하면서 발생한다. 골밀도가 떨어지는 골감소증이 시작되면 대부분 골다공증으로 직행한다. 평상시에는 별다른 증상을 느끼지 못하지만 넘어지거나 손목뼈와 척추, 고관절 등에 갑작스러운 자극을 받을 경우 쉽게 골절되며 통증과 다양한 증상을 겪게 된다.

노년기까지 뼈 건강 지키는 식사와 운동

골밀도 역시 근육량과 마찬가지로 20~30대에 최고치를 찍었다가 이후 서서히 떨어진다. 골밀도를 지키려면 영양소로 가득 찬 식사가 중요하다. 무엇보다 단백질, 칼슘, 비타민D를 균형 있게 섭취해야 한다. 유제품과 뼈째 먹는 생선, 짙은 녹황색 채소, 두부, 칼슘이 풍부한 우유를 꼭 챙겨 먹자. 유지방 때문에 칼로리가 걱정이라면 저지방이나 무지방 우유를 섭취해도 무방하다.

그리고 반드시 운동을 해야 한다. 뼈는 적당한 강도와 빈도의 스트레스가 가해져야 두껍고 단단해진다. 반대로 사용하지 않아 스트레스가 거의 없다면 가늘고 약해진다. 골밀도를 높이기 위해서는 뼈에 지속적이고 적절한 스트레스를 제공해야 한다. 적절한 스트레스가 가해지지 않으면 뼈는 쉽게 퇴행성 변화를 보인다. 아동과 폐경 후 여성, 노인 모두에게 해당되는 중요한 사실이다.

야외에서 햇볕을 쬐면 뼈를 더욱 튼튼하게 만드는 비타민D를 얻을 수 있다. 흡연과 음주는 비타민D 대사를 방해하므로 삼가도록 한다.

반복적인 과부하 누적으로 발생하는 피로골절

운동을 너무 안 해도 뼈가 약해지지만, 반대로 운동을 너무 많이 해서 골절이 발생하는 경우도 있다. 특별한 질환이나 외상이 없는데 무리한 운동 등 반복적인 부하를 일으키는 신체 활동을 지속하면 뼈에 미세한 골절이 발생할 수 있다. 이를 가리켜 '피로골절' 또는 '스트레스 골절'이라고 한다. 일반적인 골절이 잘 발생하는 노인보다 비교적 근육이 단단한 청년층에서 주로 발생한다. 잘못된 자세로 달릴 때 발생하는 경우가 많다.

피로골절은 외부의 강한 충격으로 뼈가 부러지거나 금이 가는 일반적인 의미의 골절과 다르다. 오히려 뼈의 특정 부위에 스트레스가 누적되어 생기는 골절 현상이다. 처음에는 실금 같은 불완전 골절이었다가 드물게 완전 골절로 진행되기도 한다.

피로골절이 발생하면 초기에는 약하게 국소적인 통증과 압통이 나타난다. 활동이나 운동량을 줄이고 휴식과 안정을 취하면 자연치유가 되면서 보통 한 달 이내에 통증이 완화된다. 하지만 발바닥이나 종아리, 정강이뼈, 갈비뼈, 팔꿈치 등의 부위에 골절이 발생한 줄 모른 채 운동을 계속하면 심각한 결과를 초래할 수 있다. 심할 경우 깁스나 약물치료, 물리치료를 병행해야 할 수도 있다.

운동 전후 상황에 맞는 웜업과 쿨다운, 스트레칭 등으로 근육의 긴장을 충분히 풀어주는 게 무엇보다 중요하다. 자신의 역량을 넘어서는 과도한 운동을 하지 않아야 한다는 사실도 잊어선 안 된다. 또 운동 후 전과 다르게 심한 통증이 느껴진다면 병원을 방문해 정밀검사를 받는 것이 좋다.

M

PART 3

근육투자 효과 극대화하는 복리의 기술

근육연금 만드는
근력 트레이닝
성공 법칙

STEP 1

기능적인 목적에 집중해 운동하라

근육이 힘을 낼 때는 목적이 있어야 한다. 근육은 본연의 기능을 위해 움직인다. 차에서 내려 문을 닫을 때, 계단을 오를 때, 아기를 안고 걸을 때, 날아오는 공을 피할 때 등 일상의 모든 순간 근육은 고유의 기능을 위해 움직인다. 그래서 운동선수가 아니더라도 상황에 맞춰 자신이 가진 근력을 민첩하고 적절하게 쓸 수 있도록 근육을 트레이닝해야 한다.

근육의 성능을 최대화하는 근력 트레이닝

근력 트레이닝을 통해 얻을 수 있는 효과는 구조적인 효과와 기능적인 효과로 나눌 수 있다. 구조적인 효과란 바로 근육의 크기 변화다. 기능적인 효과는 근육 간 협응력(주변 근육과 함께 동시 수축, 억제, 억제 풀기 등)과 근육 내 협응력, 반사적 변화(갑자기 촉진되는 힘과 억제) 등을 들 수 있다.

또한 근력 트레이닝은 근육 내 기능적이고 생리적인 변화뿐 아니라 중추신경계에도 영향을 주고 심폐를 자극해 기능을 활성화하는 효과를 발휘한다.

거대한 근육을 키우는 게 목적이 되어선 안 된다

근력 트레이닝을 하는 목표는 근력, 근비대, 지구력 향상 등 여러 가지가 있을 수 있다. 헬스장에 가면 근육을 키우는 데 집중하는 사람들이 많다. 그런데 알고 있는가? 유의미한 근비대는 신경 변화가 온 뒤에 나타난다. 기능이 좋아진 결과, 즉 근력 운동의 부산물로 근비대가 나타나는 것이다. 시각적인 만족을 위해 크고 우람한 근육을 만드는 행위는 본래의 기능을 상실한 것이라고 할 수 있다.

근력 운동은 단지 몸매를 예쁘게 만드는 작업이 아니다. 보행 속도를 개선하고, 계단 오르는 능력을 키우고, 몸을 더 날렵하게 움직여 위험을 피하고, 퇴근 후에도 여전히 지치지 않는 힘을 키우기 위함이다. 이것이야말로 진정한 근력이라 할 수 있다. 그래서 좋은 트레이닝이란 근섬유 손상 없이 운동 후에도 불편함을 느끼지 않으면서 빠른 판단을 통해 더 민첩하게 움직일 수 있도록 운동 능력을 개선하는 데 도움을 줄 수 있어야 한다.

일상을 누릴 힘만 갖출 수 있다면

누구나 자기 뜻대로 걷고 뛰고 멈출 수 있는 힘을 지녀야 한다. 사무직이라면 의자에 오래 앉아 있어도 무너지지 않는 힘, 주부라면 하루의 가사를 마쳐도 퍼지지 않을 힘을 갖고 있어야 한다. 근력의 가장 중요한 기능은 일상을 무리 없이 영위하는 데 있다.

운동에 대한 사람들의 생각과 취향은 제각각이라 종목이나 도구에 대한 이견도 많다. 하지만 속근육을 잡는 데 효과적인 필라테스가 근육 만들기에는 한계가 있다는 말은 편견이다. 소도구를 활용하는 운동은 근기능 향상에 한계가 있다거나, 하체 운동기구인 레그프레스 머신과 누워서 바벨을 내렸다 들어 올리는 벤치프레스가 근육을 키우는 데 필수적이라는 말은 모두 믿을 필요가 없다.

근육의 크기나 아름다움에 집착해 오버트레이닝을 하는 것은 근육에 스트레스를 주고 근섬유를 손상시켜 오히려 근력을 떨어트리는 원인이 된다. '과한 것은 부족한 것만 못하다'는 말은 근력 운동에도 똑같이 적용된다. 근력은 평생 유연하고 인간다운 삶을 영위할 수 있는 정도면 충분하다.

STEP 2

하나의 스테레오 타입만 고집하지 마라

운동에는 정답이 없다. 아무리 좋은 프로그램이라 하더라도 변화 없이 같은 것만 반복하면 운동 효과가 반감될 수밖에 없다. 그래서 운동할 때 하나의 스테레오 타입(고정된 견해와 사고)만 고집해서는 안 된다. 아무리 맛있는 음식이라도 어느 순간 싫증이 나고, 탁월한 기능성 영양제나 화장품도 더 이상 처음처럼 기능하지 못하는 순간이 온다. 우리의 몸과 마음은 적응과 내성을 갖고 있기 때문이다.

무작정 반복하면 운동 효과는 점점 떨어진다

운동할 때는 계속해서 동작에 크고 작은 변화를 줘야 한다. 편협한 운동은 운동 효과를 떨어뜨릴 뿐 아니라 불균형한 근육 발달을 초래해 오히려 건강을 해칠 수 있다. 꾸준히 변화를 주면서 다채로운 프로그램으로 운동을 해야 몸과 마음에 긍정적인 변화가 온다.

가령 유명한 헬스장에서 제안하는 운동 프로그램이 있다고 하자. 프로그램이 좋다고 해서 몇 달씩, 몇 년씩 이 프로그램만 계속하면 기대한 만큼의 기능 향상을 얻을 수 없다. 같은 운동만 반복하면 점점 몸에 익숙해지고 편해져 자극을 느끼지 못하기 때문이다. 운동을 꾸준히 하는 것도 중요하지만, 기능적인 움직임을 발휘하는 데 도움이 되는지 계속 확인하면서 프로그램을 조정해야 한다.

2개월에 한 번씩 운동 방식을 바꾸자

규칙적인 운동도 중요하지만 일정 기간마다 운동 방법을 바꿔 트레이닝해야 더 효과적이다. 몇 가지 동작을 정해놓고 그것만 반복하는 운동 방식은 오히려 근육 성장을 방해한다. 같은 패턴으로 8주 이상 운동하면 근육이 운동에 적응하면서 성장이 더뎌진다. 동일한 루틴을 반복하더라도 2개월이 지나면 운동기구나 방식을 바꾸는 게 좋다. 그래야 신체가 더 열심히 작동하고, 더 많은 칼로리를 소모한다.

또 매일 같은 부위만 집중 공략하며 근육을 혹사시키면 근육이 회복할 시간이 없어 손상이 가중될 수 있다. 근육을 팔, 가슴, 등, 어깨 등 부위별로 나눠 일주일에 3회 정도 시행하는 것이 좋다.

STEP 3

나쁜 습관은 퍼포먼스에 그대로 나타난다

근력 트레이닝을 할 때 반복적인 자극을 통해 벌어지는 변화는 생각보다 빨리 일어난다. 특히 짧은 시간이라 하더라도 부적절한 패턴을 사용하면 나쁜 버릇이 퍼포먼스에 그대로 나타난다. 그래서 운동은 많이 하는 것보다 정확하게 하는 것이 무엇보다 중요하다.

바른 자세로 빠르고 탄력 있게

짧은 시간 동안 운동을 하더라도 바른 자세를 유지하며 적정한 속도로 움직여야 한다. 예를 들어 운동할 때는 허리를 펴고 머리를 똑바로 들며 어깨도 편 상태에서 진행해야 한다. 그런데 대부분 자신의 자세를 인지하지 못한다. 누군가 옆에서 지적해주지 않으면 잘못된 것을 알아차리지 못한 채 계속해서 어정쩡하게 구부린 자세로 운동을 하게 된다. 이런 운동 습관이 지속되면 근육은 정상적으로 기능하지 못한다.

적절한 운동 속도도 매우 중요하다. 동작을 할 때 너무 느리게 움직이면 몸이 처진다. 절도 있게, 탄력 있게, 빠르게 움직여야 한다. 특히 나이가 들면서 운동 속도가 점점 느려지는 경향이 있다. 안전이 중요하다는 생각 때문이다. 하지만 운동 속도가 느리다고 해서 부상의 위험이 적은 건 아니다. 동작마다 적정 속도가 있다. 그에 맞춰 운동을 하는 게 무엇보다 중요하다. 나이가 들어도 젊은이들과 같은 움직임으로 빠르게 운동해야 기대하는 운동 효과를 거둘 수 있다.

운동 장비에 집착하지 마라

헬스장 앞을 지나가다 보면 '새 운동기구 도입!' 같은 광고를 종종 본다. 헬스장도 경쟁이 심하다 보니 고객 서비스나 새 장비로 승부를 보려는 마음이 어쩔 수 없이 들 것이다. 하지만 지나칠 정도로 장비를 갖추고 운동하면 근신경계의 시스템이 제대로 발휘되기 어렵다. 특히 웨이트 트레이닝 장비는 관절이 구체적이고 변화무쌍한 액션을 수행하는 데 있어 오히려 제한 요소가 될 수 있다.

운동을 할 때 우리의 뇌는 동작에 빠르게 반응하고 순식간에 패턴을 익히면서 내 몸에 맞는 적절한 동작과 패턴을 만드는데, 웨이트 트레이닝 장비는 이러한 운동 정보 처리 능력을 발휘하는 데 방해 요소가 된다. 우리 몸이 스스로 운동을 인지하고 더 나은 방향으로 변화하며 성장할 최적의 환경을 만들 기회를 주려면 장비 제일주의에서 벗어나야 한다.

STEP 4

근섬유는 순차적으로 터지는 것이 바람직하다

과거 한때 근육 내 섬유들이 한꺼번에 터지고 회복하는 과정에서 근육이 커지는 트레이닝에 집중하던 시기가 있었다. 근육 성장을 설명하는 이론 중 '미세 손상과 회복 이론'에 입각한 훈련법이다. 물론 지금도 이와 같은 방식의 트레이닝을 선택하는 사람들이 있다. 하지만 최근에는 근섬유가 순차적으로 터지는 데 중점을 두는 방향으로 트레이닝이 변하고 있다.

손상과 회복 과정을 거치며 크고 단단해지는 근육

근육은 운동을 통해 미세 손상을 입고 이를 회복하는 과정에서 더 크고 강한 근섬유로 발달한다. 바로 이 효과를 얻기 위해 많은 이들이 고강도 웨이트 트레이닝을 한다. 강한 수축 운동으로 근육이 줄어들 때 근섬유의 세포막이나 세포기관이 손상된다. 그러다 휴식을 취하면 차츰 회복된다. 이 과정에서 손상된 근섬유에 혈액이 유입되어 산소와 영양분을 공급하고, 피로물질과 염증물질을 제거하며 근섬유의 합성과 분열을 유도해 근섬유를 재생한다.

운동 후 발생하는 피로나 근육 통증, 근력 감소, 부종 등의 후유증이 자연스럽게 회복되려면 5~7일 정도의 시간이 필요하다. 따라서 한번에 전신을 과훈련하는 것보다 부위별로 돌아가면서 운동을 하며 회복기를 가지는 것이 근섬유를 발달시키는 데 더 효과적이다.

부상 위험 낮추는 사이즈의 원리

운동을 시작하면 역치(어떤 자극에 대해 반응을 일으키는 데 필요한 최소한의 자극 세기)가 낮은 근육이 먼저 자극을 받으면서 움직이기 시작한다. 작은 근육들이 활성화한 다음에 큰 근육이 움직이면 몸이 흔들리지 않고 힘을 제대로 쓸 수 있다. 그것이 사이즈의 원리다. 작은 근육이 먼저 동원되고 나중에 큰 근육이 동원되어야 움직임이 민첩해지고 부상의 위험도 낮아진다.

개구리가 점프하는 순간을 초고속 카메라로 관찰하면, 몸을 움츠렸다가 한 번에 펄쩍 뛰어오르는 것이 아니라 모든 관절과 근육이 각각 필요한 순간에 차례로 굽혀졌다 펴지는 모습을 볼 수 있다. 근육 운동을 할 때도 꼭 필요한 순간에 필요한 근육과 관절이 차례로 자극을 받으며 움직이는 방식이 가장 효과적이다. 뿐만 아니라 부상의 위험도 줄일 수 있어 안전하다.

STEP 5

근육은 수축하는 것보다 늘어나는 것이 중요하다

근력 운동은 저항성 운동이다. 대부분 무거운 물건이나 기구를 들어 올리는 훈련으로, 근육의 단축성 수축을 유도한다. 근육의 수축하는 힘이 들어 올리는 물건이나 기구의 무게보다 크기 때문에 우리 몸은 무게의 저항을 이겨내면서 근육을 키워나간다.

수축만 계속하는 웨이트 트레이닝

웨이트 트레이닝은 본래 근육의 수축과 이완을 반복하는 운동이다. 무게를 이용해 근육에 부하를 주며 수축과 이완을 최대한 반복할 수 있도록 천천히 진행해야 한다. 예를 들어 덤벨을 들어 올리면 근육이 긴장하면서 근섬유의 길이가 짧아지고 섬유들이 서로 밀착

한다. 들어 올렸던 덤벨을 내리면 근육의 긴장이 풀어지면서 근섬유의 길이가 길어진다.

이 과정에서 부상이 발생하는 경우가 많다. 운동이 수축과 이완을 반복하는 게 아니라 수축만 이루어지기 때문이다. 덤벨을 들어 올릴 때 천천히 들어 올리는 것처럼 내릴 때도 떨어뜨리는 속도와 힘을 제어해야 하기 때문에 이완할 때도 수축이 계속되는 것이다. 수축 단계에서 근섬유 사이에 발생하는 마찰과 압력이 계속되면 손상이 생긴다.

특히 운동 초보자들은 덤벨을 들어 올리는 데만 집중하고 내릴 때 힘을 한꺼번에 쭉 빼는 식으로 힘 조절에 실패하는 경우가 많다. 반드시 운동법을 정확히 익힌 후 운동해야 한다. 웨이트 트레이닝은 수축과 수축을 계속 반복하다 1세트가 완전히 끝났을 때 비로소 이완한다고 생각하면 부상을 방지하는 데 도움이 될 것이다.

민첩성과 폭발적인 힘을 키우는 운동

하지만 근육은 수축보다 늘어나는 것이 더 중요하다. 스텝박스 위에서 점핑 스텝 하는 동작을 보자. 한쪽 발이 발판에 닿자마자 다시 스텝박스를 떠나야 한다. 굉장히 빠르게 몸을 펴는 동작도 많다. 근육이 늘어났다가 곧바로 빠르게 단축하는 패턴을 유지해야 운동이 된다. 점핑 자체는 쇼크 트레이닝(충격을 주는 트레이닝)이 아니다. 스카이콩콩처럼 통통 튀는 탄력을 만들어야 한다.

최근 플라이오메트릭 트레이닝Plyometric Training이 인기를 얻고 있다. 폭발적이고 빠른 동작을 반복하는 고강도 운동으로, 근육이 늘어났다가 빠르게 수축하며 폭발적인 힘과 민첩성이 길러지는 기능성 트레이닝이다. 마치 활시위를 당겼다 그 탄력으로 화살을 날리는 것과 비슷하다. 점프 스쿼트, 점프 런지, 제자리멀리뛰기, 케틀벨 운동 등이 여기에 해당한다. 이런 운동을 하면 근육뿐 아니라 건, 인대, 연골도 단단해진다.

강하고 유연한 근육을 만드는 근육 이완

근육이 잘 늘어나면, 또 더욱 강하고 유연해지면서 탄력적으로 강화된다. 근육은 이완되는 과정에서 중추신경계를 자극해 뇌와 척수 활동을 촉진한다. 이완 운동은 근육의 조절 능력을 강화하고 운동 기능을 향상시키며, 부상을 예방하는 효과가 뛰어나다. 가벼운 무게의 바벨이나 덤벨을 빠르게 들어 올렸다 내리는 동작, 스텝박스를 오르내리는 동작 그리고 푸시업이나 스쿼트, 턱걸이처럼 수축과 이완이 빠르게 교차하는 운동을 꾸준히 하면 근력 강화에 큰 도움을 받을 수 있다.

STEP 6

연부조직이 함께 강화되어야 한다

연부조직Soft Tissue은 말 그대로 '연한 조직'이다. 우리 몸의 단단한 조직인 뼈와 연골을 제외한 나머지, 즉 근육이나 인대, 힘줄, 혈관 등을 통틀어 일컫는다. 암과 같은 중대 질병이 발생하지 않는 한 연부조직이 상한다고 해서 생명이 위협받지는 않는다. 다만 근육과 관련한 움직임에서 불편이 발생할 수 있다.

연부조직도 잘 키우면 근육처럼 작동한다

1984년 맥도나 데이비스 박사는 "운동 전문가라면 근육뿐 아니라 뼈와 결합조직을 운동시켜 전체적인 안정성과 퍼포먼스가 향상되도록 해야 한다"고 말했다.

실제 연부조직도 근육처럼 키울 수 있다. 이 조직을 잘 키우면 근육처럼 힘 전달을 잘하게 된다. 그러나 근육에 비해 너무 약할 경우 문제가 된다. 즉 기계적인 자극으로 근육만 커지면 근육을 붙잡아야 할 연부조직의 상태가 나빠지면서 힘을 전달하는 능력이 떨어진다. 결과적으로 협응력이 약해지고 움직임이 나빠진다. 트레이닝을 하다가 막히는 움직임, 끊어지는 움직임이 나오는 이유다. 실제 연부조직의 힘이 약하면 무거운 중량이나 어려운 동작을 할 때 퍼포먼스가 확 떨어질 수 있다.

연부조직은 우리의 움직임을 수동적으로 도와준다. 외부 충격을 흡수하고 인체의 움직임이 깨끗하고 매끄럽게 이어지도록 만든다. 그래서 연부조직도 근육과 함께 트레이닝해야 한다. 연부조직 트레이닝은 근육을 단련하는 것보다 시간이 더 오래 걸린다. 짧게는 몇 주에서 수개월이 소요된다. 근육에 비해 적응이 늦고 천천히 진행되지만 한번 단련되면 반드시 그 보상을 받을 수 있다.

연부조직이 건강해야 관절도 가벼워진다

문제가 있는 연부조직은 통증을 일으키기도 한다. 관절이 아프고 뼈가 쑤시는 것 같은 기분이 들 때가 종종 있을 것이다. 이때도 사실은 근육이나 인대, 힘줄 등 연부조직의 오래된 손상 때문에 불편감이 오는 경우가 대부분이다. 결과적으로 몸이 쑤시고 유연성이 떨어지는 것을 느껴 운동이 필요하다고 생각하지만 막상 몸을 움직이기 싫은 상황이 만들어진다.

연부조직이 튼튼하고 탄력이 넘쳐야 관절도 안정적으로 움직이며 훨씬 더 가볍게 활동할 수 있다. 건강한 연부조직은 근육을 도와 몸의 하중을 분산시키고 과부하 없이 움직일 수 있게 한다. 또 운동을 한 후에도 힘들지 않게 만들어준다. 연부조직의 단련을 놓치지 말아야 하는 이유다.

근육투자, 우상향 아니면 급락이다

STEP 1

움직이지 않으면 근육은 손상된다

움직이지 않고 가만히 있으면 혈액순환이 나빠지고 근육이 소실되며 관절과 인대가 굳는다. 한자리에 오래 앉아 일하는 사무직, 같은 책상에서 몇 시간씩 공부하는 학생, 하루 종일 서서 일하는 직업을 가진 사람들이 근육 경직과 함께 통증을 겪는 이유다. 사실 휴식도 움직이지 않는 건 마찬가지다. TV 앞에 가만히 앉아 있거나 누워 있는 경우가 대부분이기 때문이다. 누워 있는 게 가장 편하다고 생각하겠지만 근육이 아무 일도 하지 않는 이런 자세야말로 근육에 가장 나쁜 영향을 미친다.

문제는 근육의 불균형에서 시작된다

'재활의 아버지'로 불리는 체코의 의사 블라디미르 얀다는 자세의 불균형과 근육의 불균형은 결국 인체에 복합적인 문제를 야기한다고 지적했다. 이를 개선하기 위해선 근육 강화와 스트레칭이 필요하다고 강조했다. 인체는 근막과 근신경으로 온몸이 연결되어 있어 한쪽 부위가 약해지면 다른 쪽 부위가 약해진 부위를 붙들려는 보상작용으로 인해 과하게 힘을 주면서 불안정과 불균형이 발생하고 몸의 밸런스가 깨진다고 설명했다.

인체는 심부에 있는 속근육과 표면에 있는 겉근육이 각자의 역할을 제대로 해내야 유기적으로 최적화된 움직임을 만들 수 있다. 어느 한쪽이 무너진 잘못된 자세와 몸을 움직이지 않는 습관이 몸에 밴 현대인의 일상은 속근육을 약화시키고 겉근육을 긴장하게 만든다. 근육이 무의식적으로 계속해서 수축해 근육 경직이 일어나면 결국 자기 몸에서 스스로 힘을 빼는 것조차 마음대로 되지 않는다.

근육은 힘을 뺀 순간에는 말랑말랑하고 힘을 줄 때는 딱딱해져야 정상이다. 힘을 주지도 않았는데 근육이 늘 경직돼 있거나 딱딱하게 굳어 있다면 자신의 의지와 관계없이 무의식적으로 힘을 주고 있는 것이다.

일단 시작되면 근육통으로 끝나지 않는다

교차증후군Crossed Syndrome은 근육의 불균형으로 인해 발생한다. 근육은 주동근과 길항근, 즉 힘을 주고받는 근육이 서로 동등한 힘과 길이로 균형을 이루어야 한다. 그런데 그 균형이 깨지면 문제가 생긴다. 일부 근육은 약화되고 억제되는 반면 반대쪽 근육은 짧고 뻣뻣해진다. 이렇게 근육 간 균형이 깨지면 움직임이 불편해지고 통증이 생길 수 있다. 움직임 부족과 잘못된 운동 패턴 등이 근육의 불균형을 초래하는 것이다. 이 상태에서 잘못된 운동 프로그램이 더해지면 관절의 퇴행과 자세 변화를 부추긴다.

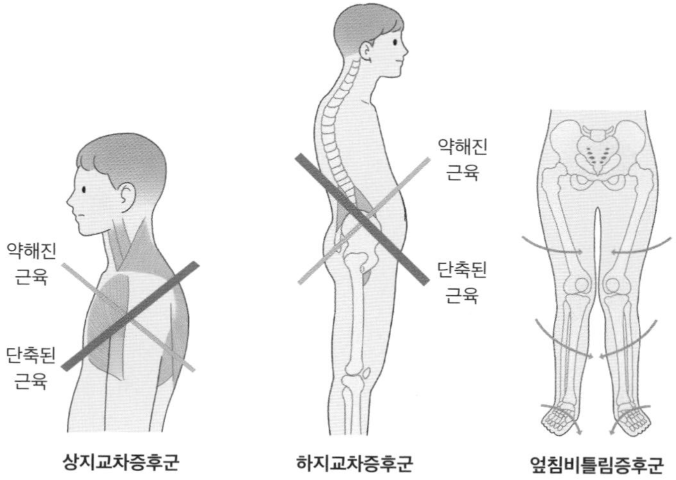

| 교차증후군 |

상지교차증후군

어깨 주변에 교차증후군이 발생하면 약해진 근육과 이를 보상하는 근육의 불균형으로 인해 굽은 등, 둥근 어깨, 거북목증후군, 자세 불균형 등이 생길 수 있다. 목 통증, 회전근개 충돌로 인한 어깨 통증, 상완이두근염증, 어깨 불안정이 나타나기도 한다. 목과 어깨가 뻣뻣해지고 늘 긴장되어 있으며, 날개뼈가 툭 튀어나와 보인다. 심할 경우 가슴 통증과 압박감, 손과 팔의 저림, 두통, 안통, 피로감이 발생한다.

하지교차증후군

하체에서는 과도한 요추 전만과 골반 전방경사가 나타난다. 정상적인 척추는 C자 형태의 자연스러운 커브를 유지해야 하는데, 허리에 과도한 커브가 나타난다. 한마디로 허리는 앞으로 휘어져 있고 엉덩이는 뒤로 쭉 빠지면서 자세가 틀어진 불균형 상태가 된다. 이런 자세가 되면 허리와 허벅지 앞쪽에 통증이 나타난다. 햄스트링과 종아리 근육이 늘어난 상태로 경직되고, 무릎의 과신전으로 인한 통증이 X자 다리로 이어진다. 또 상대적으로 배가 나와 보이고 발아치가 무너져 족저근막염이 발생할 수도 있다. 하이힐을 자주 신거나 좌식생활을 오래 할 경우 나타나며 임신과 출산, 비만도 하지교차증후군을 유발하는 요인이다.

엎침비틀림증후군

'X자 다리' 또는 '외반슬'이라고도 부른다. 발의 과도한 엎침으로 무릎이 안쪽으로 내회전하면서 안짱다리 형태의 X자 다리로 변형된다. 족저근막염으로 인한 발바닥 통증, 아킬레스건염으로 인한 종아리 통증, 슬개건염으로 인한 무릎 근처 통증 그리고 허리 통증 등이 발생할 수 있다. 심할 경우 호흡에도 악영향을 끼친다. 잘못된 자세로 굽은 등(흉추의 후만)이 되면 늑골을 찌그러뜨리고 횡격막의 수축을 제한해 결국 잘못된 호흡 패턴으로 이어진다.

STEP 2

겉근육과 속근육이 서로 남의 일을 하고 있다

근육은 눈에 보이는 겉근육과 눈에 보이지 않는 속근육으로 나뉜다. 한때 속근육의 중요성이 부각되며 어떻게 단련해야 하는지 관심이 높아진 적이 있는데, 사실 겉근육과 속근육 모두 중요하다. 겉근육과 속근육은 특징과 역할이 각각 다르기 때문에 근육의 움직임에 대해 정확히 알려면 두 근육이 어떻게 다른지 먼저 이해해야 한다.

겉근육과 속근육은 어떻게 다른가

겉근육(빠른 근섬유 Fast Motor Unit, FMU)은 피부에 가까이 붙어 겉으로 드러나는 표층근육, 즉 말 그대로 겉으로 보이는 근육이다. 둥그렇게 솟아오른 승모근이나 울퉁불퉁한 이두근과 삼두근, 허벅지의 대퇴근, 복부의 식스팩 등이 겉근육이다. 이 근육들은 큰 힘을 낼 수 있고, 몸이 움직일 때만 활성화된다. 겉근육이 손상되면 근육의 수축하는 능력이 떨어진다. 회전 능력도 저하될 뿐 아니라 근육이 늘어나지도 않는다.

속근육(느린 근섬유Slow Motor Unit, SMU)은 관절 속에 있다. 몸의 전반적인 안정성과 움직임을 담당하며, 관절의 중립 위치를 통제한다. 몸속에서 척추, 관절, 뼈를 붙들고 지지하며 내장을 보호하는 등의 역할을 한다. 속근육은 빠르게 움직일 때 발생하는 스트레스와 충격으로부터 관절을 잡아주고, 몸의 움직임이 없을 때도 계속 활성화되어 있다. 고유수용성 감각(근육, 관절, 힘줄에서 발생하는 감각)에 굉장히 예민하고 지구력이 좋아 잘 지치지 않는다. 자세를 유지하는 데 중요한 역할을 하기 때문에 속근육이 발달하면 힘들이지 않아도 같은 자세를 오래 유지할 수 있다. 반대로 속근육이 손상되면 외부의 움직임을 잘 파악하지 못하고, 동작의 타이밍을 잡지 못해 근육을 제대로 동원하지 못한다.

호미로 막을 것을 가래로 막는 근육

겉근육과 속근육의 역할은 각각 다르다. 식스팩을 예로 들면 가장 바깥쪽인 복직근이 겉근육이고, 그 안쪽의 복횡근이 속근육으로 내장과 복부를 붙들며 감싸고 있다. 척추의 경우 가장 바깥쪽에 척추기립근이 자리하고 있으며, 그 안쪽으로 척추 마디마디를 다열근이라는 속근육이 붙어 척추를 지지하고 안정성을 유지한다.

이상적인 근육은 겉근육과 속근육이 각자 맡은 역할을 잘하는 것이다. 관절의 안정성을 잘 유지하려면 안정화 근육(=속근육)이 느린 근육을 잘 끌고 와서 안정화시키면 된다. 관절의 가동성을 높이려면 겉근육이 빠른 근육을 끌고 와야 한다.

건강한 인체는 스쿼트나 계단 오르기를 할 때 겉근육을 64%, 속근육을 36% 정도 비율로 사용한다. 천천히 걸어 다니거나 가만히 서 있을 때는 겉근육을 거의 쓰지 않고 상대적으로 속근육을 많이 쓴다. 그러나 만성적인 근골격계 통증이 있는 경우 가만히 서 있거나 걸을 때도 겉근육을 지나치게 많이 쓴다. 겉근육은 충격이 큰 활동을 하거나 힘을 많이 써야 할 때를 대비해 힘을 저장해야 하는데, 일상의 가벼운 활동에 겉근육이 동원되는 것이다.

근육이 서로 남의 일을 하면 관절 손상이 오기 쉽다

몸에 통증이 있거나 움직임이 불편한 사람들을 검사하면 속근육과 겉근육에 불균형이 발생한 경우가 많다. 속근육이 약해져 제 역할을 하지 못하면 겉근육이 속근육의 역할까지 대신하기 위해 과활성화된다. 즉 겉근육이 몸통 중심의 안정화를 돕겠다고 나서면서 원래 제 역할인 움직임을 제대로 수행하지 못하게 되는 셈이다. 심부근육, 즉 속근육이 약해지면 표층근육이 힘을 도맡아 쓰면서 근육에 통증이 나타나고, 갑작스러운 움직임에 민첩하게 대응하지 못해 관절이나 인대가 손상된다.

반대의 경우도 마찬가지다. 겉근육이 제대로 작동하지 못할 경우 속근육이 움직임에 반응해 원래 제 역할인 관절의 위치와 회전축 유지하는 일을 소홀히 하게 된다. 그러면 관절이 안정적으로 움직이지 못하고, 이 상태가 오래 지속되면 관절 손상까지 발생할 수 있다.

통증 없이 몸을 순조롭게 움직이려면 속근육과 겉근육이 조화롭게 협업해야 한다. 각 근육의 고유한 역할이 어떤 이유로 뒤바뀌어 제대로 작동하지 못하는 상태를 '교체 현상'이라 한다. 부족한 상대의 기능을 대신하느라 역할이 전도되는 현상이다.

예를 들어 걷는 동안 다리의 겉근육은 밖에서 움직이며 앞으로 나아가게 하는 반면 속근육은 몸이 흔들리지 않도록 몸통을 잡아주는 역할을 한다. 이런 작용은 반사적으로 일어나는 반응이지만, 종종 부상을 입거나 관절 기능이 손상되면 교체 현상이 일어난다. 속근육이 약해져 제 역할을 하지 못하면 겉근육이 이를 대신하기 위해 과활성화되면서 몸이 지치고 제대로 걷기가 힘들어진다.

STEP 3

관절 전반에 걸쳐 있는 속근육을 단련하라

엑스레이와 초음파, CT까지 찍어도 특별한 문제가 보이지 않는데 몸이 어딘가 불편하고 통증이 있다면 속근육에 문제가 있는 건 아닌지 의심해봐야 한다. 속근육은 신경 써서 관리하지 않으면 세월이 흐를수록 무너져 내린다.

속근육의 오작동을 경계해야 하는 이유

뼈에 가까이 붙어 있는 속근육은 관절이 정확하게 움직이도록 돕는 역할을 한다. 그러므로 속근육을 잘못 쓰면 움직일 때 섬세함이 떨어지고 근육 동원이 어려워진다. 관절을 강하게 잡는 힘 역시 약해지면서 관절이 중립 위치를 잘 잡지 못해 흔들린다. 더 심해지면 관절이 불안정해져 통증이 생기고, 인대 손상이나 관절염 발생 확률이 높아진다.

안정화를 담당하는 속근육이 오작동하면 겉근육에도 비상이 걸린다. 보상작용뿐 아니라 근육의 감소, 강축, 억제, 과활성화가 일어난다. 이런 상태가 지속되면 통증이 발생하고 몸에 대한 인지도가 떨어져 관절이 움직임을 잘 느끼지 못한다. 자기 몸이지만 움직임을 섬세하게 통제하지 못하게 되는 것이다.

속근육이 무너지면 자세와 체형까지 무너진다

속근육이 약해지면 만성적인 통증과 체형 틀어짐이 나타난다. 바른 자세를 취하고 싶어도 속근육이 뼈와 관절 등을 잘 잡아주지 못해 나도 모르게 허리가 구부정해지거나 짝다리를 짚고 서는 등 자세가 흐트러진다. 예를 들어 내장을 감싸는 복횡근이 약해지면 아랫배가 튀어나오고, 척추 속근육이 약해지면 허리가 굽고 요통이 발생한다. 연쇄적으로 어깨와 골반까지 틀어지기 쉽고 체형이 불균형해지며 걸음걸이에도 악영향을 끼친다.

나이가 들수록 온몸이 쑤시고 뻐근하며 통증이 많아지는 이유는 속근육이 오랜 기간 중력에 맞서 저항하면서 피로가 누적되어 굳어지고 긴장하기 때문이다. 이런 증상이 나타나기 전에 속근육을 단련해야 한다. 필라테스나 요가, 맨몸으로 하는 저항 운동, 벽 대고 하는 스쿼트나 푸시업 등이 속근육을 강화하는 데 도움이 된다.

하지만 속근육이나 겉근육, 어느 한 부분에만 집중해서 훈련하면 움직임의 균형이 깨질 수 있다. 따라서 신중한 운동처방이 필요하다. 근육이 구조적으로 파열되지 않아도 조금 감소한 근육량은 미세한 변화를 일으켜 인체의 움직임에 엄청난 영향을 끼친다. 오랜 세월 중력의 영향을 받은 근육에 노화가 시작되면 되돌리기 어렵다. 젊은 나이라 해도 꾸준한 운동으로 자기 관리를 하지 않으면 위험하긴 마찬가지다. 근감소와 함께 속근육과 겉근육의 역할이 뒤바뀌어 불편감과 통증이 쌓이는 상황이 올 수 있다. 규칙적인 운동을 통해 근육량을 지켜야 교체 현상을 방지할 수 있다.

STEP 4

근육이 크다고 기능이 좋은 건 아니다

근육이나 근력 전문가 하면 보디빌더와 파워리프터를 떠올리게 된다. 그런데 보디빌더와 파워리프터의 모습을 보면 크게 다른 점을 느낄 수 있다. 보디빌더는 근육을 더 크고 아름답게 보이도록 포즈를 취하지만, 파워리프터는 그럴 필요가 없다. 둘은 운동하는 목적 자체가 다르기 때문이다.

아름다운 근육이냐, 폭발적인 근력이냐

보디빌딩은 크고 탄탄한 근육을 보여주는 것이 목적이지만 파워리프팅은 근력이 얼마나 강한지가 평가 기준이다. 경량급 파워리프터 중에는 얼핏 보기엔 근육량이 많아 보이지 않는데 엄청난 근력을 보여주는 선수들이 있다. 반면 몇몇 보디빌더의 경우 근육은 크지만 고중량을 다루지는 못한다. 이들의 훈련 방식이 서로 다르기 때문이다.

근육 단련 시 특정 무게에 대해 보디빌더는 8~15회 들도록 훈련하고, 파워리프터는 5회 이내로 제한한다. 하지만 신체적 조건이 같다고 가정하면 파워리프터가 더 빠르게 무게를 들어 올릴 수 있다. 보디빌더보다 더 많은 근섬유와 동원력을 만들어내기 때문이다. 반면 보디빌더는 근육의 아름다움을 위해 특정 근육을 고립시켜 강화하는 방식을 선호한다. 보디빌더와 파워리프터가 전혀 다른 결과에 도달하는 이유다.

근육의 크기가 아니라 근섬유의 밀도가 문제

보디빌더는 근섬유의 면적을 확장해 근육의 크기를 키우는 데 집중하고, 파워리프터는 근섬유의 밀도를 높여 힘을 강화하는 훈련을 주로 한다. 모든 근육을 동시에 활성화시켜 리프팅에 동원하는 방식이다. 따라서 파워리프터는 보디빌더보다 근육 간 협응력이 좋고, 한꺼번에 하나의 목적을 향해 온 힘을 폭발시키는 힘과 발화율이 강하다. 근육의 크기가 곧 기능이 아니라는 사실을 알 수 있다.

STEP 5

최대 근력에는 3가지가 있다

근력의 정의는 근육이 힘을 내는 목적에 따라 달라진다. 근력은 축구를 하거나 계단을 오르거나 자전거를 타는 등의 기능적인 목적이 있어야 의미가 있기 때문이다. '최대 근력Maximal Muscular Strength'은 근육이 자기 뜻대로 근육 수축을 통해 만들어낼 수 있는 능력을 뜻한다. 단순히 기계적인 반복으로 만들어지는 특정한 사이즈의 단일 근육은 보여주기 위한 것일 뿐 전통적인 의미의 근력과는 차이가 있다. 전통적인 근력은 근육의 사이즈를 보여주기 위한 용도가 아니다. 인간의 가장 기본적인 기능을 수행하기 위함이다.

상황에 따라 달라지는 최대 근력

근력은 상황에 따라 발휘되는 힘이 다르다. 재난 상황에 맞닥뜨렸을 때 죽을힘을 다해 도망치는 다리의 힘은 경쟁 맥시멈이다. 아이가 위험에 처했을 때 엄마는 마치 초능력 같은 절대 근력을 꺼내 쓴다. 평상시 운동할 때 쓰는 힘은 상대적으로 안정된 상황에서 나오는 트레이닝 맥시멈이다.

- **트레이닝 맥시멈** Training Maximum : 운동 상황에서 발휘될 수 있는 최고치의 힘
- **경쟁 맥시멈** Competitive Maximum : 경쟁 상황에서 발휘될 수 있는 최고치의 힘
- **절대 근력** Absolute Muscle Strength : 인체 속에 잠재된 최고치의 힘

오랜 시간 운동을 꾸준히 한 사람들은 어느 순간 자신의 실력이 별로 늘지 않는다고 느낄 때가 있다. 이는 경쟁 맥시멈에 작용하는 긴장감과 스트레스가 없기 때문이다. 어떤 경쟁 상대도, 경쟁 구도도 없는 상황이라 하더라도 늘 긍정적인 긴장감과 스트레스를 갖고 운동에 임해야 한다. 그래야 몸 스스로 더 안정화하려고 시도하고, 자세 역시 바로잡으려고 노력하면서 보다 건강한 근력을 키울 수 있다.

절대 근력과 내 몸에 잠재된 힘 키우기

근력 운동의 궁극적인 목적은 절대 근력과 내 몸에 잠재된 힘을 증진하는 데 있다. 갑자기 넘어지려고 할 때 중심을 잡으며 넘어지지 않는 힘을 기르는 것, 온몸의 힘을 모아 공을 던질 때와 같은 폭발적인 힘을 키우는 것이다. 즉 힘을 더 빠르게 생산하고, 똑같은 시간 내에 더 큰 힘을 쓸 수 있도록 만드는 게 근력 운동의 목적이다. 자세 유지같이 긴 시간 동안 작은 힘을 계속해서 사용하는 역량도 포함된다. 또한 결합조직의 강화 역시 필요하다. 이 모든 것이 건강한 일상을 영위하기 위한 필수 과정이다.

근육에 흉터를 남기는 근육투자 5적

STEP 1

성급한 마음과 욕심이 부르는 부상

운동을 하다 부상을 입는 경우는 대부분 무리한 욕심과 자만 때문이다. 제아무리 웨이트 트레이닝이나 보디빌딩 경력이 많다 하더라도 운동 강도 기준표에 준해 스스로 이겨낼 수 있는 정도의 운동을 해야 약이 된다. '근육이 찢어질 듯한 자극을 받아야 제대로 운동한 거지'라는 잘못된 생각으로 무리하면 돌이킬 수 없는 부상을 입게 된다. 나에게 적절한 중량으로 시작해 서서히 무게를 늘려나가야 운동을 오래 할 수 있고 효과도 거둘 수 있다. 또한 평소 잘하던 운동도 그날그날의 컨디션에 따라 상황이 달라지기도 한다. 시작 전에 충분히 몸 상태를 확인하고 알맞은 강도로 접근해야 한다.

정확한 이용법을 모르면 위험한 운동기구들

헬스장에 가면 바벨, 덤벨, 케틀벨 같은 소위 쇳덩이라 부르는 운동기구부터 머신이라 부르는 근육 단련 기구까지 가득하다. 하지만 대부분의 사람은 어떻게 사용하는지 몰라 옆 사람이 하는 걸 대충 보고 따라 하다 부상을 입는 경우가 허다하다. 올바른 기구 사용법과 운동법을 숙지하지 않으면 위험한 기구들이 의외로 많다. 특히 근린 공원에 설치되어 있는 운동기구는 전문가의 가이드나 조언을 받을 수 없어 더욱 주의가 필요하다.

덤벨

사람마다 운동량과 근력이 다르기 때문에 덤벨을 들어보면서 자신에게 맞는 중량을 찾아야 한다. 덤벨을 10회 정도 들어 올렸을 때 조금 힘들다는 느낌이 드는 정도의 중량이 적당하다. 욕심을 내서 중량으로 힘자랑을 하면 부상을 입거나 오히려 근육이 소실되는 역효과를 불러올 수 있다. 덤벨 운동을 하다 심한 통증이나 어지러움

증이 발생하면 즉각 멈춘다. 혹 지병이 있는 경우에는 전문의나 전문 트레이너에게 조언을 얻는 것이 바람직하다.

스텝밀

허벅지 대퇴근과 둔근을 단련하는 근력 운동기구다. 계단을 오르는 방식으로 진행하는 고강도 유산소 운동으로, 운동을 하다 천국에 갈 정도로 힘이 든다는 의미의 '천국의 계단'이라는 별칭을 가졌다.

운동을 하다 보면 무심결에 무릎이 안쪽으로 모이거나 정면을 향하는 동시에 발끝이 바깥으로 벌어지는 자세를 취하기 쉬운데, 이럴 경우 관절이 틀어져 발목이나 무릎에 무리가 간다. 무릎과 발끝이 항상 같은 방향을 향하도록 신경 쓴다.

트레드밀

이른바 러닝머신이다. 기구에 올라가기 전에 반드시 몸을 충분히 풀어야 하며, 올라가자마자 빠르게 뛰는 것은 금물이다. 트레드밀이 처음이라면 손잡이를 잡고 시작한다. 걸을 땐 안쪽 허벅지가 스치듯 다리를 내밀어 발뒤꿈치부터 지면에 닿게 한다. 허리는 곧게 펴고 시선은 정면을 바라본다. 뛸 때는 보폭을 넓히지 말고 발소리가 안 나게 다리에 긴장감을 주며 뛴다. 경사도를 조절하면 고강도 인터벌 트레이닝이 가능하다. 대퇴부와 엉덩이, 허리 근육에 자극을 줄 수 있고, 무릎관절이 좋지 않은 사람도 강도 조절을 한다면 무리가 없다.

레그 익스텐션

허벅지 앞쪽 근육인 대퇴사두근을 집중적으로 강화할 수 있는 운동기구로, 초보자도 쉽게 이용할 수 있다. 머신 의자 등받이에 맞춰

앉고 무릎을 의자 끝부분에 오게 한다. 발목 패드 역시 본인 발목에 딱 맞게 조정한다. 운동을 할 때는 낮은 무게부터 시작한다. 너무 무거우면 엉덩이가 의자에서 뜨거나 허리를 다칠 수 있으므로 주의한다.

거꾸리

발목을 고정한 상태에서 머리가 아래쪽을 향하도록 마치 물구나무처럼 몸을 거꾸로 세우는 기구다. 허리 통증 완화와 복부 수축 이완, 혈액순환 증진, 부종 개선에 효과가 있다.

거꾸리에 올라 스위치를 눌러 발목을 고정하고 허리 벨트를 한다.

벨트를 너무 꽉 조이면 혈액순환을 방해할 수 있으므로 조금 느슨하게 고정한다. 혈압이 높은 사람은 이용하지 않는 게 좋다. 허리가 좋지 않은 느낌이 있을 때도 금물이다. 또 발목 인대를 다친 적이 있거나 약하다면 무리가 될 수 있으므로 주의한다.

로터리 풀다운

등 근육을 키우거나 매끈한 상체 라인을 만드는 데 도움이 되는 운동기구다. 의자 높이를 자신에게 알맞게 맞췄을 때 양발이 지면에 안정적으로 착지하도록 앉는다. 하체 고정 패드로 허벅지가 꽉 끼게 조정해야 엉덩이 들썩임을 방지할 수 있다.

손잡이를 잡았을 때 팔꿈치 각도가 90도 이상 넘어가지 않게 한다. 각도가 너무 넓거나 너무 좁으면 등 근육에 자극이 오지 않는다. 동작 시 너무 과하게 등을 꺾거나 뒷목을 왔다 갔다 하면 목과 허리를 다칠 수 있으므로 조심해야 한다.

STEP 2

내 몸 상태에 맞지 않는 운동이 위험한 이유

운동을 시작하기 전에 자신의 건강 상태를 점검하고 그에 따른 운동 목적과 계획을 세워야 한다. 지병이 있거나 컨디션이 전반적으로 떨어진 상태라면 전문 의료인과의 상담을 통해 운동처방을 받는 게 좋다. 아무리 좋은 운동 프로그램이나 기구라도 내 몸과 맞지 않으면 효과를 거둘 수 없다.

자신의 몸 상태와 취향에 맞는 운동을 선택하라

무거운 바벨을 번쩍 들어 올리고 엄청난 중량을 끌어당기며 운동하는, 일명 무게 좀 치는 이들을 무작정 따라 해선 안 된다. 자기 몸 상태에 맞지 않는 운동은 관절과 근육에 무리를 준다. 특히 무릎과 발목은 운동 중에 많이 사용하는 부위이기 때문에 무리하면 염증이 생기거나 충격으로 파열되는 경우가 흔하다. 비만인 경우 줄넘기나 마라톤처럼 체중이 많이 실리는 운동은 삼가고, 관절염 환자 역시 볼링이나 달리기 같은 운동은 피해야 한다.

무리한 운동의 후유증은 크다. 가장 흔한 후유증으로 발목 염좌가 있다. 심한 경우 근육으로 가는 혈액과 전해질이 줄어 근육이 녹아내리는 횡문근융해증으로 고생하기도 한다. 배드민턴이나 탁구, 테니스 등 어깨관절을 많이 쓰는 종목은 회전근개파열, 구기 종목은 전방십자인대파열 등이 빈번하게 발생한다.

부상도 부상이지만 내 몸에 맞지 않는 운동은 스트레스로 작용한다. 운동을 꾸준히 하려면 유행을 좇지 말고 본인이 흥미를 느끼는 종목을 선택해야 한다. 나이와 체형, 체력, 운동 목적 등도 충분히 고려한다. 근력 강화, 체중 감량, 건강 유지 등 목적에 따라 운동 종목과 운동 방법이 달라질 수 있다. 야외활동을 좋아한다면 사이클이나 조깅 같은 운동이 적당하다. 여럿이 어울리는 것을 좋아한다면 축구나 농구, 야구 등도 좋은 운동이 될 수 있다.

나이에 따라 달라져야 하는 운동

연령대에 따라서도 권장 운동이 달라진다. 20대 후반에서 30대는 근육 노화에 대비하는 운동이 필요한 시기다. 따라서 유산소 운동보다 근력 운동의 비율을 높여야 한다. 몸의 유연성이 떨어지기 시작하는 40대는 근력 운동 전후에 스트레칭을 특히 잘 챙겨야 한다. 그래야 운동 때문에 발생하는 긴장과 경직을 해소할 수 있다. 유산소 운동도 꾸준히 병행하면 더 좋다. 50대는 낮은 수준의 근력 운동을 반복하는 것이 도움이 되며, 60대는 과도한 운동을 삼가고 가벼운 수준의 유산소 운동과 근력 운동을 병행한다.

바빠서 운동할 시간을 따로 내기 어렵다면 홈트레이닝이나 계단 오르기와 같이 일상에서 할 수 있는 운동으로 대체한다. 운동은 무엇보다 규칙적으로 꾸준히 하는 습관을 들이는 게 중요하다. 매일 같은 시간에 규칙적으로 운동하는 습관이 근육 부자로 가는 지름길임을 잊지 말자.

STEP 3

만보 걷기가 주는 거짓 환상

인간은 걷는 동물이다. 걸음마를 떼면서부터 걷기 시작해 죽음에 이를 때까지 걷는다. 걷기는 인간에게 주어진 축복이기도 하다. 발은 '제2의 심장'이라 불릴 만큼 혈액순환 과정에서 중요한 펌프 기능을 담당하며 심장을 보조한다. 걷기는 1시간 동안 평균 305kcal 정도를 소모하고 혈당과 중성지방을 낮추며, 염증 수치를 줄이고 뼈와 근육을 튼튼하게 만든다. 걷는 동안 정신적으로도 우리는 매우 즐거워진다.

하지만 대부분의 사람은 걷기를 제대로 배운 적이 없다. 두 발 걷기의 중요성은 모두 알고 있지만 평생 걷기 위해 어떤 근육을 단련해야 하는지, 어떤 운동을 해야 하는지 모른 채 주먹구구식으로 걷는 데만 집중한다. 요즘 '하루 만보 걷기'라는 기준을 세우고 걷는 사람들이 많은데, 몇 보를 걷느냐보다 어떻게 걷느냐가 사실 더 중요하다.

만보 걷기라는 잘못된 신화에서 벗어나라

최근 들어 조금씩 인식이 달라지고 있지만, 아직도 '하루 만보 걷기'의 효과를 믿는 사람들이 많다. 만보 걷기는 일본의 한 시계업체가 도쿄올림픽 이후 건강에 대한 관심이 급증할 때 만보계를 출시하면서 만든 허망한 신화에 불과하다. 그런데 우리나라에까지 유입되어 하루에 만보를 걸어야 뭔가 채워지고 건강해진다는 신념이 자리 잡았다. 실상은 1만을 뜻하는 '만(万)' 자가 일본 문자로 걷는 사람의 모습과 비슷하기 때문에 만들어진 말일 뿐이다.

일상생활을 하면서 만보를 걷는다는 건 결코 쉬운 일이 아니다. 굳이 만보를 채우느라 무리해서 걸으면 오히려 뒤탈이 나기 십상이다. 특히 장년층 이후에는 너무 오래 걷는 것도 주의를 기울여야 한다. 뼈와 뼈를 완충하는 무릎 연골은 무리한 운동으로 쉽게 손상되는 한편 한번 손상되면 재생되지 않는다. 또 무리한 걷기는 족저근막염을 초래하기도 한다.

의사들은 하루 평균 걸음 수로 5,000보를 권장한다. 이 이상만 걸으면 건강관리가 충분히 가능하다고 말한다. 최근에는 미국 UCLA 대학과 일본 교토대의 공동 연구팀이 세계적인 국제학술지 〈미국의학협회저널 네트워크 오픈JAMA Network Open〉에 걷기와 관련한 연구 결과를 발표했다.

일주일에 하루 이틀 정도 8,000보만 걸어도 사망률이 크게 내려간다는 내용이다. 연구 실험 참가자 3,100명의 하루 걸음 수와 10년 후 사망률을 분석한 결과, 이렇게(일주일에 하루 이틀 정도 8,000보) 걸은 사람의 사망률은 그렇지 않은 사람보다 14.9% 낮게 나타났다. 일주일에 3~7일을 걸은 사람은 그렇지 않은 사람보다 사망률이 16.5% 감소했다. 이 연구 결과는 일주일에 단 며칠만 걸어도 건강에 유의미한 영향을 미친다는 사실을 보여준다.

바른 자세와 속도를 몸에 익혀야 효과 본다

걷는 자세 역시 중요하다. 반듯한 자세로 걷지 않으면 허리와 다리 등 온몸의 관절이 충격을 받아 몸이 상하고 운동 효과 역시 확연히 떨어진다. 기운 없이 천천히 걷는 것 역시 도움이 되지 않는다. 만날 나가 걸어도 근력이 좋아지지 않고 오히려 떨어지는 것 같다면 자신의 걷는 자세를 돌아봐야 한다. 제대로 걸으면 확실한 효과를 얻을 수 있다. 단, 걸음 수에 집착하기보다 매일 꾸준히 실천하는 게 중요하다.

바르게 걷는 법은 의외로 간단하다. 먼저 키가 평소보다 2cm 더 커졌다는 느낌으로, 마치 공중에서 누가 나를 잡아당기는 듯한 느낌으로 상체를 똑바로 세운다. 등을 바르게 편 상태에서 배에 힘을 주고 시선은 15m 앞 정면을 향한다. 보폭은 의식적으로 넓게, 평소보다 10cm나 못해도 5cm 정도 앞으로 더 나간다는 느낌으로 걷는다. 이때 발을 앞으로 힘 있게 내딛는 것이 포인트다. 상체를 곧게 세우고 발을 앞으로 10cm 더 내딛기만 해도 젊고 건강한 걸음걸이가 만들어진다.

여기에 몸통을 중심으로 왼쪽 어깨와 오른쪽 어깨가 앞으로 나왔다가 뒤로 빠지는 자연스러운 회전을 만들며 걷는다. 이렇게 하면 몸 전체 근육이 사용되면서 근육 간 협응력이 좋아져 더 쉽게 오래 걸을 수 있다. 다리는 11자를 유지하면서 발끝은 지면을 차듯이 전진하고, 발이 바닥에 닿을 때는 발뒤꿈치부터 착지한다. 팔꿈치는 약 90도로 구부려 가볍게 주먹을 쥔 채 걷는다.

본격적인 걷기 운동은 시속 6.5~7km 정도 되어야 하지만 걷는 목적에 따라, 그리고 걷는 사람의 컨디션에 따라 달라진다. 숨이 살짝 차고 땀이 날 정도로 걷는 것을 권하며 걷기 전에 고관절이나 무릎, 발의 상태를 점검해보는 것이 좋다.

올바른 걷기 자세

- ✓ 키가 평소보다 2cm 더 커졌다는 느낌으로 상체를 똑바로 세운다.
- ✓ 배는 힘을 주어 당기고 등을 곧게 편다.
- ✓ 턱은 몸쪽으로 가볍게 당기고 시선은 15m 전방을 주시한다.
- ✓ 양손은 달걀을 쥔 모양으로 가볍게 말아 쥔다.
- ✓ 두 팔의 팔꿈치는 약 90도로 자연스럽게 구부린다.
- ✓ 팔과 어깨를 자연스럽게 앞뒤로 움직인다.
- ✓ 다리는 11자로, 무릎 사이가 스치는 느낌으로 걷는다.
- ✓ 숨은 코로 깊이 들이마시고 입으로 내뱉는다.

STEP 4

공원 운동기구의 잘못된 사용

생활체육에 대한 관심이 높아지면서 운동기구를 갖춘 놀이터나 근린공원이 많아졌다. 이용하는 사람도 많고 연령대도 다양하다. 답답한 헬스장을 벗어나 시원한 야외에서 운동할 수 있다는 장점이 있지만, 정확한 기구 사용법을 모른 채 무턱대고 다른 사람을 따라 하면 오히려 건강에 독이 될 수 있다.

약도 되고 독도 되는 공원 운동기구 사용법 가이드

헬스장 부럽지 않게 좋은 운동기구가 공원에 많이 설치되어 있다. 보기에는 간단하고 쉬워 보이지만 잘못 사용하면 병을 얻을 수 있다. 반대로 제대로 잘 이용하면 웬만한 헬스기구 못지않은 효과를 거둘 수 있다. 무엇보다 중요한 건 부상 없이 이용하는 것이다.

시간과 비용을 따로 들이지 말고 가볍게 야외 운동기구를 활용해 보자. 정확한 이용법을 익혀두면 의외로 안전하고 효과도 뛰어나다. 근린공원에서 많이 볼 수 있는 운동기구를 중심으로 올바른 사용법을 소개한다.

트위스트

회전 원판 위에 올라가 두 발로 선 뒤 허리를 좌우로 돌리는 기구.

NG 허리를 좌우로 휙휙 돌리면서 운동하는 사람이 의외로 많다. 그런 식으로 허리를 과하게 돌리면 허리 안쪽의 신경과 관절에 부담이 생겨 미세한 손상이 발생한다. 허리가 아니라 고관절을 돌려야 한다.

GOOD 두 발을 회전 원판 양쪽 끝에 발 폭을 최대한 넓게 하고 선다. 허리를 펴고 무릎을 살짝 구부린 뒤 숨을 들이마시고 내쉬면서 아랫배에 힘을 준다. 허릿살을 비틀어 짜듯 좌우로 90도를 넘어가지 않게 돌린다. 척추질환 환자일 경우 30도 정도만 돌리는 식으로 조절하는 것이 좋다. 운동 시간은 10분 정도가 적당하다.

워밍 암

양손으로 커다란 쇠바퀴를 잡고 돌려 어깨와 팔을 회전시키는 기구.

NG 어떤 동작을 하든 몸에 크게 무리가 되지는 않는다. 어깨와 팔이 뻣뻣한 사람에게 추천한다. 단, 어깨 탈구나 오십견 등으로 운동 반경에 제한이 있는 경우 무리가 되지 않는 선에서 천천히 진행해야 한다.

GOOD 워밍 암을 바라보고 서서 양손으로 손잡이를 잡는다. 45도씩 왼팔과 오른팔을 번갈아가며 위로 올렸다가 내린다. 워밍 암 옆에 서서 한 손으로 손잡이를 잡은 후 위아래로 움직이는 방법도 있다.

체스트 풀

의자에 앉아 위에 있는 양쪽 손잡이를 잡은 후 몸쪽으로 당겨 어깨, 팔, 가슴을 운동하는 기구.

NG 팔이 아니라 어깨를 위로 올렸다 힘을 주면서 튕기는 동작은 어깨에 미세한 손상을 일으키는 원인이 된다. 구부정하게 앉거나 엉덩이 끝을 의자에 걸친 자세 역시 허리에 무리를 줄 수 있다.

GOOD 다리를 벌리고 편안하게 의자에 앉아 위에 있는 손잡이를 양손으로 잡은 후 숨을 들이마시고 내쉬면서 팔을 끌어내린다. 이때 어깨가 위로 들리지 않도록 주의하며 팔꿈치를 내리는 느낌을 계속 유지한다. 천천히 바닥에 닿는 느낌으로 기구를 끌어내렸다가 다시 위로 올린다. 두 발을 포갠 후 바닥에서 살짝 떼면 더 중량감 있게 운동할 수 있다. 이 방법도 강도가 약하다고 느끼면 한 팔씩 진행한다.

스카이워커

기구 위에 올라가 걷기 동작을 하는 유산소 운동기구.

NG 앞뒤로 움직이는 다리의 반동을 너무 크게 주면 낙상 사고로 이어지는 경우가 종종 있다.

GOOD 손잡이를 잡고 양쪽 발 받침에 양발을 각각 천천히 올린다. 아랫배에 힘을 주면서 뒷목을 길게 늘이고 허리를 곧게 세운다. 가볍고 리듬감 있게 두 다리를 앞뒤로 움직인다. 바른 자세로 진행하면 허리 신경이 원활해져 고관절과 다리를 더 부드럽게 움직일 수 있다.

롤링 웨이스트

원판에 올라가 파도를 타듯이 허리를 좌우로 가볍게 흔드는 운동기구.

NG 많은 사람이 마치 놀이기구를 타듯 다리를 좌우로 크게 흔드는데, 이런 방법은 운동 효과가 거의 없다.

GOOD 양손으로 앞에 있는 손잡이를 잡은 후 원판에 한 발을 먼저 올리고 다음 발을 올린다. 양쪽 평행봉으로 양손을 옮겨 잡고 상체를 살짝 올리면서 어깨에 힘을 주며 버틴다. 이때 허리의 힘은 빼고 허리를 늘이는 느낌으로 자세를 잡는다. 상체를 약간 앞으로 기울인 후 가슴은 가운데를 보고 허리만 좌우로 가볍게 움직인다. 옆구리 근육과 척추기립근 강화에 도움이 된다.

윗몸일으키기 기구

기구에 누워 윗몸을 일으키며 복근을 단련하는 운동기구.

NG 누워서 기구에 다리를 걸고 고정한 채 빠르게 윗몸일으키기를 하는 모습을 흔히 볼 수 있는데, 이는 복근에 전혀 도움이 되지 않고 요근만 발달한다. 척추협착이 있는 사람에겐 독이 되는 운동법이다.

GOOD 기구에 누운 뒤 발목을 걸지 말고 발을 발 받침 위에 올려 무릎을 조금이라도 위로 올린다. 누운 상태에서 팔을 앞으로 쭉 뻗은 뒤 상체를 일으킨다. 이때 손끝이 무릎에 닿는 정도여야 알맞다. 숨을 들이마시면서 눕고 일어설 때 숨을 내쉰다. 그래야 복근을 제대로 자극할 수 있다.

STEP 5

거꾸로 가는 홈트

코로나19 팬데믹을 기점으로 집에서 인터넷 영상을 보며 따라 하는 일명, '홈트'가 활기를 띠었다. 서점에 가면 다양한 홈트 책을 볼 수 있고, 실시간으로 함께 운동하는 프로그램도 등장했다. 그런데 집에서 혼자 운동을 하다 보니 자신의 자세를 점검하거나 페이스를 조절하기 어려운 경우가 많다. 꾸준히 하기도 쉽지 않아 운동 효과 역시 보기 어렵다. 홈트가 정말 도움이 되긴 할까? 집에서 하는 운동도 몇 가지 원칙만 지키면 건강에 충분히 도움이 된다. 홈트 효과를 배가시킬 수 있는 몇 가지 원칙을 짚어보자.

원칙 1

강사의 화려한 동작을 무조건 따라 하지 않는다

인기 영상이라고 해서 무조건 따라 하는 건 좋지 않다. 그 사람의 관절과 내 관절은 다르다는 사실을 기억해야 한다. 그 사람 몸의 기능과 내 몸의 기능은 다르다. 본격적인 운동을 시작하기 전에 영상에서 소개하는 동작이 나에게 불편하게 느껴지지 않는지 확인하는 과정을 반드시 거쳐야 한다. 그래서 나에게 편안하게 느껴지는 동작을 선별해야 한다. 동작은 크고 빠르게 해야 효과가 있는데, 불편한 동작은 빨리빨리 움직일 수 없어 운동이 되지 않는다. 멋진 동작 말고 내 몸에 잘 맞는 동작으로 나만의 프로그램을 구성해보자.

원칙 2

보수적으로, 조금씩, 조심스럽게 시작한다

영상 속의 강사는 전문가 또는 준전문가다. 그들처럼 다이내믹한 동작을 만들려고 무리해서는 안 된다. 어떤 운동도 첫술에 배부를 수는 없다. 10분만 운동을 해도 큰 성공이다.

운동은 쉬워야 한다. 쉬워야 또 하고 싶고 꾸준히 할 수 있다. 땀을 흠뻑 흘리고 카타르시스를 느끼면 '운동 좀 한 것 같다'는 느낌이

들지만, 갑작스러운 쇼크에 세포들은 신음하며 운동을 거부하게 된다. 초심자가 가장 많이 빠지는 함정이다. 한 번 강하게 하고 4개월 동안 쉬는 운동보다 날마다 10분씩 4개월간 꾸준히 할 수 있는 운동이 더 좋은 운동이다. 욕심부리지 말고 조금씩 몸에 익힌다는 생각으로 시작해야 한다.

원칙 3
신체 변화를 유심히 살핀다

운동을 하는 동안 심장 박동이 방망이질하듯 급하게 올라가면 즉시 멈춘다. 흔히 얼굴이 벌겋게 달아오르고 땀을 줄줄 흘려야 운동을 했다고 느끼는데, 나에게 맞는 적절한 운동을 하면 얼굴이 벌겋게 달아오르지 않는다. 운동을 하고 있을 때 전화가 오더라도 통화가 가능한 선에서 운동 강도를 조절해야 한다. 숨은 조금 가쁘더라도 문장으로 대화를 주고받을 수 있는 정도가 적당하다.

M

PART 4

평생 근육 장착을 위한 실전 근육투자 A to Z

잃어버린 근육
되살리는
6가지 전략

STEP 1

원리를 모르면 길을 잃는 근육투자

문제는 항상 잘못된 상식에서 시작된다. 특히 운동에 있어 잘못된 상식은 부상이나 질병, 심하면 장애로 이어질 수 있다. 그 정도로 심각한 상황은 아니더라도 노력한 만큼의 운동 성과를 얻지 못하거나 오히려 거꾸로 가는 경우도 흔히 생긴다.

제대로 사용하지 않아 잃어버린 근육을 되찾고 120세까지 갈 생존 근육을 채우려면 근육의 특성을 이해한 후 정확한 방법으로 운동을 해야 한다. 어떻게 근육을 움직여야 하는지, 어떤 방법으로 근육을 자극해야 하는지, 어떤 자세로 운동해야 부상 없이 큰 효과를 얻을 수 있는지 등을 알아야 체력 가난에서 벗어나 근육 부자로 거듭날 수 있다.

근육은 규칙적인 운동과 적절한 영양 섭취, 충분한 휴식 및 회복으로 만들어진다. 세계보건기구와 미국질병예방통제센터CDC는 건강을 위해 '일주일에 4번, 하루 40분'이라는 운동 공식을 권하고 있다. 근육 운동으로는 흔히 근력 운동으로 알려진 저항성 훈련이 효과적이다. 웨이트 트레이닝이나 저항 밴드를 이용해 근육을 키우는데 일주일에 최소 3회 이상, 점진적으로 과부하를 주면서 진행한다. 운동의 강도와 횟수, 시간 등을 점진적으로 늘려나가는 점진적 과부하 원리는 운동 시 발생할 수 있는 부상을 피하는 동시에 지속적으로 근육량을 늘리는 데 효과적이다. 무엇보다 자신에게 맞는 규칙적인 운동 패턴을 만드는 것이 좋고, 부상의 위험성이 있는 과도한 훈련은 피한다. 기저질환 등의 문제가 있다면 사전에 의료 전문가와 상의해 적절한 운동을 진행하는 것이 바람직하다.

균형 잡힌 식단을 섭취하는 것도 필수적이다. 충분한 칼로리와 영양을 갖춘 식사가 필요하다. 현미, 보리, 퀴노아 등 양질의 복합 탄수화물과 고단백의 단백질, 견과류와 아보카도 등 건강한 지방이 포함된 식단을 섭취한다.

운동이 끝난 뒤에는 몸이 회복할 수 있도록 충분한 휴식을 취한다. 물을 충분히 섭취해 몸속 수분을 유지하고 수면 전후에 근육의 이완을 돕는 스트레칭을 한다.

전략 1

근육을 자극하라

우리 몸의 근섬유는 하나로 연결되어 있다. 목에서 발목까지 이어진 하나의 밴드라고 생각하고 근육을 전체적으로 늘였다 당기기를 반복하며 자극한다. 이는 근육보다 신경을 자극하라는 의미다.

근육을 자극할 때는 근육의 시작과 끝 그리고 중간지점을 손으로 만져보고 누르고 당기고 압박한다. 근육을 비틀고 흔들고 늘렸다 끌어당기기를 반복하며 자극한다. 연습 삼아 팔의 근육을 먼저 자극해보자. 손목과 팔꿈치 사이에 어떤 근육들이 어떻게 배치되어 있는지 손으로 만지면서 당겨보고 비틀고 흔들어본다. 할 수 있는 모든 방법을 동원해 근육을 자극한다. 그런 다음 기계적이고 반복적인 자극을 전신 근육에도 적용해보자.

운동 전 근육 깨우기

근육 안에 있는 신경세포는 안테나다. 다양한 자극을 기상나팔로 사용해 근육을 깨워 근섬유를 동원한다. 근섬유는 특성에 따라 각기 다르게 반응한다. 근육을 깨우지 않고 중량 운동을 시작하는 것은 무의미할 뿐 아니라 부상의 위험이 있다.

냉온찜질

온도에 민감한 근섬유를 깨우는 데 찜질은 매우 유용한 도구다. 뜨겁거나 차가운 찜질팩을 활용해 근육을 자극하면 감각신경을 뇌로 전달하는 통로가 활짝 열린다.

전략 2

근육에 집중하라

운동할 때는 자신이 모든 부위의 근육을 사용하며 움직이는지 스스로 가늠해봐야 한다. 근육 하나하나에 집중하며 움직임을 인지하는 것과 그렇지 않은 것 사이에는 매우 큰 차이가 있다. 감각에 집중할수록 근육을 동원하는 능력이 좋아진다.

예를 들어 팔을 밀었다 당기는 동작을 한다고 생각해보자. 팔의 근육이 늘어났다 줄어드는 과정을 풍선에 바람을 훅 불어넣었다 빼는 것처럼 에너지가 이동하는 흐름을 상상하면서 운동하면 그냥 음악을 들으며 습관적으로 움직이는 것보다 훨씬 효과적이다.

푸시업을 할 때도 마찬가지다. 동작을 한 번씩 할 때마다 각각의 근육에 집중해보자. 한 번은 상완이두근에 집중하고, 한 번은 오른쪽 가슴에 집중하며, 다음번엔 왼쪽 가슴에 집중하고, 또 다음번엔 손가락에 집중해서 운동한다. 하나의 동작을 할 때 사용되는 근육을

5개 정도로 나눠 집중해본다. 그러면 같은 동작을 하더라도 근섬유 동원이 달라지는 것을 느낄 수 있다. 운동 효과가 배가될 뿐 아니라 부상을 방지하는 효과도 있다.

전략 3
근육을 먼저 늘여라

앞에서도 언급했듯 근육을 키우려고 하면 대부분 가장 먼저 웨이트 트레이닝을 이용한 수축 운동을 떠올린다. 하지만 근육은 수축보다 늘이는 것이 먼저다. 늘어나지 않는 근육은 수축도 되지 않기 때문이다. 근육을 자극하고 깨워 수축에 대비해 늘여주는 것이 근육 운동의 시작이다.

그런데 근육을 늘이라고 하면 대개 스트레칭이나 요가를 떠올려 몸을 길게 늘인 후 버티는 데 집중한다. 하지만 근육을 늘이는 운동을 할 때는 정적으로 버티면서 늘이는 것이 아니라 빠르게 반복적으로 움직여야 한다. 길게 늘여서 버티는 동작은 오히려 근육에 긴장감을 더해 딱딱하게 만들기 쉽다.

예를 들어 계단 오르기를 할 때도 이 방법을 적용할 수 있다. 계단에 발 앞부분을 걸치고 서서 발뒤꿈치를 아래로 끌어내려 3초 동안 늘이고, 1초 동안 버틴 후 2초에 걸쳐 올라온다. '312 운동'으로, 이 동작을 리드미컬하게 연결해서 반복하면 6초 내내 버티고 서 있는 것보다 근육을 늘이는 데 효과적이다. 근육 늘이기에 대한 고정관념에서 벗어나야 한다.

전략 4
온몸으로 버텨라

근육 운동을 할 때는 온몸을 사용해야 한다. 길을 걸을 때를 생각해보자. 우리는 발로만 걷지 않는다. 발가락 하나하나부터 발목, 무릎, 고관절, 척추, 경추, 두 팔까지 온몸을 움직여 걷는다. 근육 운동을 할 때도 이 부분에 신경을 써야 한다. 까치발 하나를 들더라도 발뒤꿈치만 들어 올리는 게 아니라 종아리와 허벅지, 엉덩이, 허리, 등, 심지어 얼굴 근육까지 모두 동원해야 제대로 된 근육의 움직임을 만들어낼 수 있다.

플랭크 동작을 할 때도 마찬가지다. 팔로만 버티는 게 아니라 몸통과 다리를 거쳐 발끝까지 힘이 갈 수 있도록 전신으로 버텨야 한다. 이렇게 자극이 전신으로 퍼져야 온몸의 근육이 유기적으로 작용해 근력을 만들어낸다. 어떤 동작을 하더라도 근육을 부분적으로 쓰지 말고 온몸을 다 써서 버텨야 한다. 심지어 눈 근육, 귀 근육까지 다 써야 운동 효과를 제대로 볼 수 있다.

전략 5

리듬감 있게 수축하라

힘이 넘치는 건강한 근육은 덩치가 크고 둔한 근육이 아니라 근육의 사이즈가 작아도 예민하고 빠른 근육이다. 모든 근육이 본래 생긴 자신의 모양과 특성을 유지하며 순발력 있게 작동해야 제 기능을 다하고 부상을 예방할 수 있다.

민감하고 빠른 근육을 만들려면 운동을 할 때 리듬감 있게 움직이며 반동을 이용해 근육을 수축하는 것이 포인트다. 리듬감 있게 다양한 각도로 수축하며, 모든 각도에서 자연스러운 움직임이 만들어지는지 점검해야 한다. 각각의 근육이 섬세하게 작동하며 서로 협응력을 발휘해 안정적으로 움직여야 근력을 강화할 수 있다.

운동 프로그램에 대한 생각도 바꿔야 한다. 그간의 운동 프로그램은 무게와 횟수 기반 운동으로, '10회 3세트 반복하라'와 같은 방식이 상식으로 여겨졌다. 이런 식의 접근법은 빠른 근육을 사용하는 운동으로, 혈액이 없는 근섬유를 계속 움직이게 해서 빨리 지치는 결과를 초래한다.

발상을 전환해 시간 기반 운동으로 바꿔야 한다. '30초~1분 동안 20~30회 반복'과 같이 무게가 아니라 지속 시간에 중점을 두자. 이 방법으로 운동하면 생활근육, 즉 혈액(헤모글로빈)이 많은 느린 근섬유를 사용하게 되어 훨씬 덜 지치고 꾸준히 할 수 있다. 적은 무게로 오래 반복하는 방식이 항상 옳다. 3분 정도 길이의 경쾌한 음악을 틀어놓고 한 곡이 끝날 때까지 반복하면 운동 효과의 차이를 명확하게 느낄 수 있을 것이다.

전략 6
이웃 근육과 함께 움직여라

근육은 혼자서 일하지 않는다. 따라서 전신의 근육이 기능적으로 함께 쓰일 수 있도록 움직임의 전체 가동 범위를 고려해 모든 근육이 유기적으로 움직일 수 있는 기회와 환경을 만들어야 한다. 특정 부위에만 힘을 주거나 고립시켜 움직이는 방식은 운동 효과를 기대하기 어렵다. 게다가 운동이 끝난 뒤에도 경련이나 피로감을 일으키는 원인이 된다.

예를 들어 어깨의 움직임을 살펴보자. 어깨관절을 둥글게 덮고 있는 삼각근이 팔을 외전시키는 주동근(주된 힘을 내는 근육)이라면 내전시키는 등 근육인 광배근은 길항근(주동근과 반대 방향으로 기능하는 근육)이 된다. 이때 목과 양쪽 어깨를 덮고 있는 상부 승모근은 외전을 돕는 안전근(협응근)의 역할을 한다. 그리고 삼각근 아래에 있는 소원근은 어깨에 외전이 일어날 때 외전 자체가 너무 과하지 않도록 중립 위치를 잡아주는 역할을 한다. 이렇듯 어깨를 돌리는 한 동작을 하더라도 어깨 위아래로 연결된 근육이 함께 움직인다.

내 몸에 맞는
근육투자법 찾기

STEP 1

나도 모르는 새 근육이 빠져나가고 있다

내 몸의 근육은 안전할까? 나도 모르게 근감소증이 진행되고 있지는 않을까? 내가 눈치채지 못하는 사이에 근육을 도둑맞고 있는 건 아닌지 걱정된다면 간단한 셀프 체크리스트를 이용해 자신의 근육 건강을 점검해보자.

근감소증 진단 기준

근감소증은 근육량(골격근량 측정) 감소와 함께 근력(악력 측정)이나 신체 기능(보행 속도 측정) 저하 중 하나가 동시에 나타날 때 진단된다. 골격근량의 경우 남성은 7.0kg/㎡, 여성은 5.4kg/㎡ 미만, 악력은 남성 28kg, 여성 18kg 미만, 보행 속도는 남녀 모두 초당 1m 미만일 때 해당한다.

근육 건강 셀프 체크리스트

- [ ] 걷는 속도가 눈에 띄게 느려졌다.
- [ ] 걷다가 특별한 이유 없이 넘어진 적이 있다.
- [ ] 5kg 정도의 물건을 번쩍 들어 올리기가 어렵다.
- [ ] 까치발을 들어 올리는 것이 어렵다.
- [ ] 다리가 얇아진 걸 느낀다.
- [ ] 완전히 앉았다가 일어나기가 버겁다.
- [ ] 앉았다 일어날 때 꼭 손을 짚어야 일어날 수 있다.
- [ ] 고관절과 허리가 자주 아프다.
- [ ] 횡단보도 신호를 한 번에 건너지 못할 때가 있다.
- [ ] 종아리가 양손 엄지와 검지를 맞댄 핑거링보다 가늘다.
- [ ] 최근에 이유 없이 체중이 줄었다.
- [ ] 계단을 10개 이상 쉬지 않고 오르기 힘들다.

의자에 앉으면 나도 모르게 다리가 벌어진다.	☐
병뚜껑이나 통조림을 따기 어렵다.	☐

진단 결과

0~4개에 해당된다면 **당신의 근육은 아직 안전합니다.**

지금까지 해온 것처럼 건강한 생활 습관을 지켜주세요. 하지만 꾸준히 운동을 하지 않으면 나이가 들면서 자연스럽게 근감소가 일어날 수 있으니 운동량을 유지해야 합니다.

5~9개에 해당된다면 **근손실을 조심해야 하는 상황입니다.**

몸이 예전 같지 않다는 생각이 들 때가 많을 거예요. 근력에 대한 자신감이 저하되며 실제로 운동 능력이 떨어지기도 합니다. 근력 강화에 힘을 쏟아야 할 때입니다.

10개 이상 해당된다면 **근감소증이 의심됩니다.**

근육이 감소하고 있는 것으로 보입니다. 근감소증 검사를 받아보길 권합니다. 필요한 경우 약이나 운동을 처방받아 보다 적극적으로 대응하길 바랍니다.

STEP 2

나에게 맞는 운동법 찾는 트레이닝 원리

운동을 즐겁게 꾸준히 하려면 먼저 자신에게 맞는 운동법을 찾아야 한다. 유행하는 운동이라고 해서 무작정 따라 하다 보면 지속하기 어렵고 기대하는 효과를 얻기도 힘들다. 트레이닝 원리를 알아두면 내게 맞는 운동을 찾는 데 도움이 된다. 트레이닝은 일반적으로 과부하의 원리, 점진성의 원리, 반복성의 원리, 개별성의 원리, 특이성의 원리에 따라 진행된다.

과부하의 원리

우리가 일상에서 받는 자극보다 강한 물리적 자극이 있어야 운동 효과가 발생한다. 평상시 하던 운동보다 더 강한 부하를 주며 트레이닝을 해야 한다는 뜻이다. 체력이 향상됨에 따라 운동 시간과 강도 및 빈도를 주기적으로 늘려야 하고, 운동 프로그램의 반복 횟수나 지속 시간 역시 증가시켜야 근력이 커진다. 근육량을 늘리려면 규칙적인 저항성 운동이 반드시 필요하다. 근육은 저항을 견디면서 상처가 나고, 다음에 오는 똑같은 저항값을 견디기 위해 성장한다.

점진성의 원리

운동 부하는 점진적으로 늘려야 한다. 근육은 오랜 기간 똑같은 자극을 받으면 그 자극에 적응해 더 이상 성장하지 않는다. 트레이닝의 강도와 양, 운동 방식 역시 점차 복잡하게 변화를 줘야 근력이 강화된다. 개인의 체력에 맞춰 적절히 운동 부하를 높이면서 천천히 그리고 점진적으로 변화시켜 나가야 부상을 방지할 수 있다.

반복성의 원리

몸은 하루아침에 좋아지지 않는다. 운동을 규칙적으로 꾸준히 반복해야 조금씩 변화가 나타난다. 근육을 단련하면서 신경계와 건, 인대 등의 연부조직이 함께 성장해야 몸의 변화를 느낄 수 있다. 운동의 동기를 잃지 않고 꾸준히 해나갈 수 있도록 스스로 동기부여 방법을 모색하면 더욱 좋다.

개별성의 원리

사람의 신체 능력은 천차만별이다. 사람마다 타고난 신체 조건이나 생활환경, 생활 습관 등이 다른 만큼 부상을 방지하고 보다 큰 운동 효과를 얻으려면 자신의 능력 범위 내에서 트레이닝을 해야 한다. 사람마다 타고난 체형이 다르기 때문에 각자 취약한 부위를 단련하기 위한 운동 프로그램을 설계하는 일도 중요하다.

특이성의 원리

운동은 목적에 따라 운동 방식과 횟수, 중량 등을 다르게 해야 한다. 운동 종목에 따라 몸의 외적인 형태와 기능적 측면이 특수하게 변화되기 때문이다. 선수들의 경우도 체중 감량을 위한 훈련, 일상의 생활 근력을 키우기 위한 운동은 완전히 다를 수 있다. 각자의 특이성에 따라 맞춤 운동을 실시하는 것은 모든 운동 종목의 공통된 원칙이다.

STEP 3

무산소 운동이 좋을까, 유산소 운동이 좋을까

"다이어트를 하려면 유산소 운동을 해야 한다" "근육을 키우려면 쇠질을 해야 한다" "반드시 30분 이상 뛰어야 그때부터 지방이 탄다"와 같이 운동에는 정설처럼 내려오는 이야기들이 꽤 많다. 반은 맞고 반은 틀리다. 운동 목적에 따라 방법이 달라지기 때문이다. 그렇다면 나에게는 무산소 운동이 맞을까, 유산소 운동이 맞을까? 결론부터 말하자면 유산소 운동과 무산소 운동의 비율을 적절히 맞출 때 운동 효과는 더욱 높아진다.

운동은 크게 2가지로 나뉜다. 운동을 할 때 상대적으로 산소를 많이 소비하는 유산소 운동과 그렇지 않은 무산소 운동으로 구분한다. 통상적으로 종목별로 나누기는 하지만 그 구분이 명확하진 않다.

근육과 순발력을 키우려면 무산소 운동

무산소 운동은 짧은 시간에 폭발적이고 강한 힘을 쏟는 격렬한 운동이다. 단시간에 다량의 에너지를 공급받아야 한다. 우리 몸은 산소 공급을 통해 지방을 분해해 에너지를 얻는다. 그런데 이러한 생산방식으로는 충분한 에너지를 공급할 수 없어 산소가 없을 때는 탄수화물을 에너지원으로 끌어다 쓴다. 그래서 무산소 운동을 하면 근육의 크기와 힘을 키울 수 있고 순발력이 증가한다. 근력이 강화되고 기초대사량도 증가한다. 역도를 비롯해 웨이트 트레이닝, 스쿼트, 팔굽혀펴기, 단거리 달리기 등의 운동이 여기에 해당한다.

지구력 높이고 성인병 개선하는 데 탁월한 유산소 운동

유산소 운동은 말 그대로 산소를 공급받아 지방과 탄수화물을 에너지화해 소모하는 전신 운동이다. 비교적 긴 시간 동안 몸속에 최대한 많은 양의 산소를 공급한다. 따라서 유산소 운동을 하면 심폐지구력이 좋아지고 혈관이 튼튼해진다. 오랜 시간 규칙적으로 수행하면 고혈압과 당뇨 등 성인병을 예방하고 개선할 수 있다. 초보자나 고령자도 부담 없이 시작할 수 있으며, 특히 체지방이 많은 이들에게 효과적이다. 걷기, 뛰기, 자전거, 수영 등이 대표적이다.

유산소 운동과 무산소 운동 병행해야 효과적

속도가 느린 달리기는 유산소 운동이지만, 속도가 빨라져 근육에 충분한 산소를 공급할 수 없는 상황이 되면 무산소 운동이 된다. 100m 전력 질주는 무산소 운동에 해당한다.

이론적으로는 근력 운동만 열심히 하면 유산소 운동을 따로 하지 않아도 될 만큼 운동 효과가 발휘되지만, 현실은 그렇지 않다. 운동 초심자가 전문 트레이너로부터 개인 강습을 받거나 혹은 효율이 높은 운동 프로그램을 하지 않는 한 별도의 유산소 운동이 필요하다. 단순히 보기 좋은 근육이 아니라 힘도 좋고 기능도 좋은 근육을 가지려면 반드시 무산소 운동과 유산소 운동을 병행해야 한다.

메인 운동을 워밍업 바로 뒤에 배치한다

운동 순서는 어떻게 정하는 것이 좋을까? 유산소 운동을 먼저 해야 할까, 근력 운동인 무산소 운동을 먼저 해야 할까? 물론 유산소 운동이든 근력 운동이든 하루에 태울 수 있는 지방의 양은 정해져 있다. 이는 운동학자들의 공통된 의견이다. 하지만 체지방은 다른 활동 등으로 신진대사가 활발해진 상태에서 더 잘 탄다.

운동 순서는 운동 목적에 따라 결정하는 것이 좋다. 운동이 하나

하나 끝날 때마다 몸은 지칠 수밖에 없다. 따라서 워밍업이 끝난 직후가 가장 운동하기 좋은 상태다. 즉 워밍업 직후에 메인 운동을 하면 효과적이다. 이때 운동 목적이 심폐지구력 향상에 있다면 유산소 운동을, 근력 향상에 있다면 근력 운동을 하면 된다. 아니면 격일로 차례를 바꿔 진행하는 방법도 괜찮다.

비만, 대사증후군, 당뇨, 고혈압 등 지병이 있거나 신진대사가 매우 떨어져 있는 상태라면 워밍업을 길게 하면서 유산소 운동을 같이 진행하는 방법을 권한다. 덤벨이나 바벨을 무리 없이 20분 정도만 들고 있어도 유산소 운동이 된다.

STEP 4

운동 시작 전 알아두면 좋은 근력 운동 핵심 근육

성인의 신체는 약 206개의 뼈와 640개의 골격근으로 이루어져 있다. 근육은 분류하는 방식에 따라 850개로 이야기하기도 한다. 대부분의 근육은 좌우대칭을 이루고 있다. 부위별로는 흔히 머리와 목, 몸통, 팔, 다리로 나누어 전면부와 후면부로 설명하는 것이 일반적이다.

해부학적으로 들여다본 근육의 구조

근육 이름을 보면 복잡해 보이지만 알고 보면 쉽게 이해할 수 있다. 근육 이름에는 근육의 크기, 위치, 모양, 작용, 부착되어 있는 수 등의 정보가 담겨 있다. 엉덩이에 자리하고 있는 근육은 한자식 표기로 '둔근(한글식 표기로 볼기근)'인데 그 크기에 따라 대둔근, 중둔

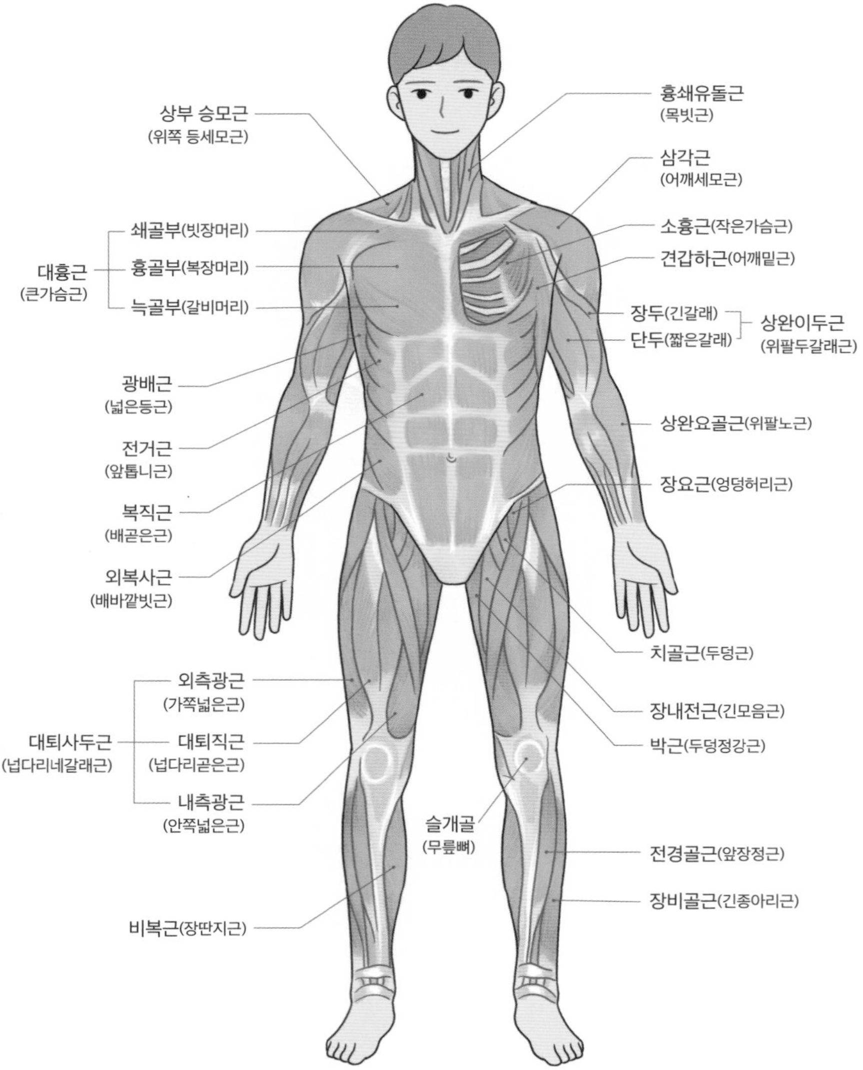

| 전신 근육(앞) |

* 근육명은 한자식을 기본으로 표기했다. 괄호 안은 한글식 근육 표기다.

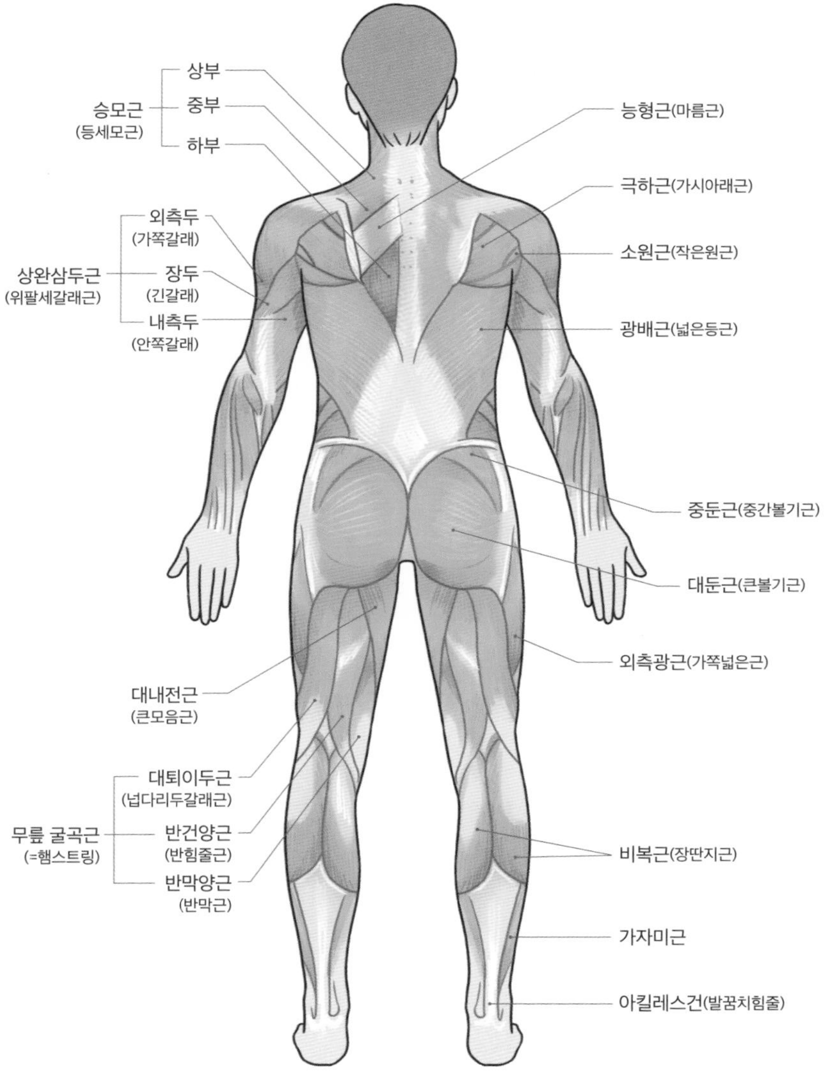
승모근
(등세모근)
상부
중부
하부
능형근(마름근)
극하근(가시아래근)
외측두
(가쪽갈래)
상완삼두근
(위팔세갈래근)
장두
(긴갈래)
내측두
(안쪽갈래)
소원근(작은원근)
광배근(넓은등근)
중둔근(중간볼기근)
대둔근(큰볼기근)
외측광근(가쪽넓은근)
대내전근
(큰모음근)
무릎 굴곡근
(=햄스트링)
대퇴이두근
(넙다리두갈래근)
반건양근
(반힘줄근)
반막양근
(반막근)
비복근(장딴지근)
가자미근
아킬레스건(발꿈치힘줄)

| 전신 근육(뒤) |

근, 소둔근으로 나뉜다. 이처럼 이름을 통해 각 근육의 위치와 크기를 가늠할 수 있다. 근육의 결을 나타내기 위해 사용하는 용어는 직근, 횡근, 사근 등이다. 근육이 자리 잡고 있는 모양을 나타내기도 한다. '삼각근'은 삼각형 모양, '승모근'은 사다리꼴 모양을 의미한다. '상완이두근'은 2개의 부착점을 갖고 있다는 뜻이고, '대퇴사두근'은 4개의 근육이 붙어 있다는 의미을 담고 있다. 이처럼 이름을 들여다보면 근육에 대한 이해가 쉬워진다.

근력 운동의 포인트가 되는 부위별 주요 근육

가슴

대흉근

가슴 운동은 대흉근을 크게 만드는 것이 주된 목표다. 대흉근은 가슴 근육 중 가장 큰 근육으로 쇄골부, 흉골부, 늑골부 세 부분으로 구성되어 있다. 쇄골부는 대흉근의 위쪽 근육으로 쇄골에서 시작해 가슴의 위쪽까지 연결된다. 가슴 윗부분을 키우려면 쇄골부에 집중해야 한다. 흉골부는 흉골에서 시작해 가슴을 지나 위팔뼈에 붙어 있다. 늑골부는 복근을 둘러싼 연결조직인 직근집에서 시작해 위팔뼈로 이어진다.

대흉근에 이상이 생기면 어깨의 앞쪽과 쇄골하부에 통증이 발생한다. 또한 어깨관절을 바깥쪽으로 돌릴 때 통증을 느끼게 된다. 평상시에는 가슴이 답답하고, 운동할 때 가슴이 따끔거리듯 조이면서 약지와 새끼손가락, 팔의 척골 측면에 통증이 오기도 한다.

소흉근

소흉근은 아주 작은 근육의 그룹으로, 대흉근 바로 아래에 위치해 있다. 견갑골(어깨뼈)에서 시작해 갈비뼈 3, 4, 5번에 붙어 있으며 호흡을 돕는다. 차렷 자세를 했을 때 손등이 앞으로 보이면 소흉근이 짧아져 라운드 숄더가 나타난 것으로 볼 수 있다. 소흉근이 약해지면 어깨 앞쪽에 통증이 발생하는데 팔꿈치 쪽까지 영향을 미친다. 심하면 약지와 새끼손가락에 저린 증상이 나타나기도 한다.

전거근

어깨를 안정시키는 데 중요한 역할을 하는 근육으로, 가슴뼈의 외측 벽을 톱니 모양으로 넓게 덮고 있다. 균형 잡힌 몸매와 튼튼한 어깨를 지니고 싶다면 필수적으로 발달시켜야 하는 근육으로 비교적 쉽게 단련된다. 전거근이 너무 늘어나면 날개뼈가 뒤로 튀어나오는 '익상 견갑골'이 될 수 있다. 반대로 전거근이 너무 짧아지면 팔을 올리기가 어렵다. 전거근으로 인한 통증은 주로 겨드랑이 뒤쪽과 옆구리 쪽에 생긴다. 날개뼈 아래쪽이 결리거나 갈비뼈 부위에 통증이 나타나 팔 움직임에 제한이 오는 경우도 많다.

복부

외층 근육

복근에 식스팩을 안겨주는 근육이다. 그중 외복사근은 흉곽에서 엉덩이까지 연결되어 있다. 코어와 몸통의 안정성을 유지해주며, 허리를 굽히거나 회전하는 데 관여한다. 또한 골반을 뒤로 당겨 자연스러운 자세를 취하는 데 중요한 역할을 한다. 복직근은 골반을 구성하는 세 뼈 중 하나인 치골에서 시작해 흉골의 아래쪽인 5, 6, 7번 갈비뼈에 붙어 있다. 백선(몸통의 중앙까지 내려오는 결합조직)에 의해 수직으로 뻗고, 3~4개의 결합조직 밴드에 의해 수평으로 뻗어 있다. 이렇게 뻗은 6개의 근육이 식스팩을 이룬다.

외복사근의 기능에 문제가 생기면 위쪽 가슴과 반대쪽 옆구리에 사선으로 이어지는 방사통이 생긴다. 하복부 쪽으로는 고환 근처에 통증이 발생할 수 있다. 걸을 때 서혜부가 따끔거리면서 시큰거리고 배변 시 통증이 나타나기도 한다. 외복사근의 통증은 무리한 운동, 특히 골프나 야구 같은 격렬한 스윙 동작으로 인해 자주 생긴다.

외복사근에 통증이 나타나면 소화기 계통의 문제로 오해할 수 있어 주의가 필요하다. 외복사근이 만성적으로 긴장과 수축 상태에 있으면 내장질환성 통증을 일으키기도 한다. 외복사근 위쪽에 위장이 있어 압통이 발생하면 속쓰림과 체한 듯한 국소적인 심부 통증을 느낄 수 있다.

내층 근육

대표적인 근육은 심층과 외층 사이에 놓여 있는 내복사근으로, 백선에서 시작해 엉덩이뼈로 이어진다. 수직으로 외복사근에 연결되어 있다. 적은 수의 근육들로 구성되었지만 호흡과 몸통 회전에 있어 중요한 근육이다.

내복사근에 문제가 생기면 복부 중앙과 가슴 앞쪽에 속쓰림이 나타나며 소화불량, 오심, 구토 등의 증상이 생길 수 있다. 심한 경우 배의 다른 부위까지 통증이 퍼져나가 충수염 같은 통증을 일으킨다. 치골 상부와 서혜인대 바깥쪽에 통증이 나타나기도 하는데, 그러면 괄약근이 과민하게 수축해 빈뇨나 잔뇨감을 일으키기도 한다. 여성의 경우 꽉 끼는 바지가 근육의 과긴장을 유발하기도 한다.

심층 근육

복부의 가장 깊은 곳에 자리한 근육들이다. 코어 내부에 압력을 주는 흉부 횡경막과 골반저근, 횡복근으로 구성되어 있다. 흉부 횡경막은 전면 흉곽 안에서 시작해 허리까지 연결된다. 호흡하는 데 매우 중요한 역할을 하며, 코어의 일부로 운동 중 신체의 안정성을 잡아준다. 스트레스를 받아 호흡이 가빠지면 골반저근의 과도한 긴장을 유발한다. 이런 현상이 지속되면 코어의 기능이 전반적으로 약해지면서 요통과 골반통을 일으킬 수 있다.

골반저근은 골반뼈 밑에 넓게 위치한 근육으로, 요도 괄약근과 항문거근 등으로 구성된 근육 집합체다. 소변과 방귀를 조절할 때 일을 하는 근육이기도 하다. 그래서 골반저근이 딱딱해지면 비뇨기과나 항문 쪽에 문제가 발생하기 쉽다. 흉부 횡경막과 함께 척추에 압력을 가하고 몸통을 안정화시킨다.

횡복근은 내복사근 아래에 위치한 자세 안정화 근육이다. 골반의 안정감을 유지하는 데 중요한 역할을 한다. 횡복근이 약해지면 복강 내 압력이 낮아져 몸통의 안정성이 떨어지면서 허리에 통증이 나타난다.

등

승모근

목과 어깨를 연결하는 큰 삼각형 모양의 근육으로 면적이 매우 넓어 상부, 중부, 하부로 나뉜다. 상부 승모근은 두개골 아래에서 시작해 쇄골로 내려와 붙는다. 중부 승모근은 등 척추의 중간 부분에서 시작해 견갑골에 붙어 있으며, 하부 승모근은 등 중간 아랫부분의 척추에서 시작해 견갑골로 이어진다. 승모근은 과도한 운동이나 반복적인 움직임, 머리를 숙인 채 장시간 작업하는 나쁜 자세 등에 의해 통증이 유발되는 경우가 많다. 문제가 생기면 승모근과 주변 근육에 경직이나 경련이 나타나며 팔저림 증상을 겪을 수 있다. 두통, 이명, 턱 통증, 목 기울어짐 등을 동반하기도 한다.

능형근

승모근 아래 깊은 곳에 있는 마름모꼴의 근육으로, 어깻죽지에서부터 등 쪽으로 이어져 있다. 쉽게 말해 등 위쪽에 있는 양쪽 날개뼈 사이에 있는 근육이다. 겉으로 드러나지는 않지만 등을 두툼하게 만들려면 잘 단련해야 한다. 날개뼈를 모아주고 아래로 내리면서 날개뼈를 회전시키는 역할을 한다.

또 능형근은 척추와 밀접한 관련이 있어 능형근의 이완이나 단축에 문제가 생길 경우 상부 흉추의 후만 또는 전만이 유발될 수 있다. 이로 인해 견갑골 안쪽에 통증이 연쇄적으로 발생하는 경우가 많다. 흔히 견갑골과 척추기립근 사이에 통증이 나타나는데, 가만히 있어도 통증이 느껴지면서 견갑골 주변에서 소리가 나기도 한다. 방치하면 어깨가 앞으로 굽을 수 있다.

광배근

등 근육을 단련할 때 가장 먼저 떠올리는 근육이다. 허리에서 등에 걸쳐 넓게 펴져 있는 광배근은 상완골(어깨에서 팔꿈치까지 이어지는 긴 뼈)에서 시작해 견갑골, 흉추 하부, 흉요근막에 붙어 있다. 등에서 가장 넓은 면적을 차지하기 때문에 멋지고 아름다운 뒷태를 가지려면 반드시 단련해야 한다. 광배근은 관리하지 않으면 약해지기 쉬운 근육이다. 대흉근과 더불어 체중을 지탱하는 일을 하기 때문에 광배근이 약해지면 상체의 움직임과 균형에 문제가 발생하며, 호흡을 원활하게 하는 데 어려움을 겪을 수 있다.

어깨

삼각근

어깨관절을 덮고 있는 근육의 첫 번째 층이 삼각근이다. 삼각근은 전면, 측면, 후면 세 부위로 나뉜다. 전면 삼각근은 어깨의 앞부분으로, 쇄골의 앞부분에서 시작해 상완골로 내려와 붙는다. 측면 삼각근은 중앙부로 견갑골의 위에서 시작해 상완골 바깥쪽으로 붙는다. 후면 삼각근은 '견갑극'이라고 불리는 견갑골의 뒤에서 시작해 상완골로 이어진다.

삼각근은 '둔한 근육'이라는 별칭이 붙을 만큼 통증에 둔감한 편이라 손상이 생겨도 통증을 잘 느끼지 못한다. 하지만 삼각근에 문제가 생기면 연쇄적으로 다양한 문제가 유발될 수 있어 각별히 신경 써야 하는 근육이다. 예를 들어 삼각근이 단축되면 팔이 약간 밖으로 열리면서 몸통에서 뜨게 된다. 이를 보상하기 위해 견갑골이 아래쪽으로 회전하고 삼각근의 길항근인 상부 승모근이 늘어나며 단축된 쪽의 어깨가 아래로 내려간다.

회전근개

삼각근 깊은 곳에 회전근개가 자리하고 있다. 회전근개는 극하근, 소원근, 극상근, 견갑하근의 근육으로 이루어져 있으며 어깨관절의 안정화에 관여한다. 극하근은 견갑골의 바깥쪽에 넓게 자리하고 있는 큰 근육이다. 소원근은 극하근 아래에 있는 작은 근육이며, 극상근은 견갑골에서 시작해 상완골 안쪽으로 붙어 있다. 견갑하근은 이름 그대로 어깨 날의 앞쪽에 자리하고 있다.

수영, 테니스, 배구처럼 팔을 머리 위로 들어 올리는 오버헤드 동작을 할 때 회전근개에 통증이 주로 생긴다. 그러면 어깨의 가동 범위가 좁아지면서 팔을 바깥쪽으로 뻗기 어려워진다. 어깨를 움직일 때 관절 부위에서 소리가 나고, 옆으로 누웠을 때 어깨가 눌리면 통증이 발생한다.

팔

팔 전면 근육

남자들의 로망이기도 한 상완이두근은 흔히 '알통'이라고 부르는 근육으로, 팔의 전면 위쪽에 위치해 있다. 팔을 들어 올리고 굽히고 안쪽과 뒤쪽으로 돌리는 역할을 한다. 팔 전면을 훈련해 이두근을 만들려면 상완이두근, 상완신근 그리고 상완요골근 훈련에 집중해야 한다. 이두근은 2개의 근육 덩어리로 이루어져 있다. 그중 단두는 견갑골 앞에서 시작해 요골(아래팔을 구성하는 2개의 뼈 중 바깥쪽에 있는 뼈)에 붙어 있고, 장두는 견갑골에서 시작해 요골에 단두보다 더 길게 붙어 있다.

반복되는 상완이두근 손상으로 인한 통증을 '오십견'이라 한다. 이를 회전근개 파열로 오해해서 엉뚱한 치료에 시간과 비용을 낭비하는 경우가 많다. 따라서 정확한 진단이 필수다. 팔 전면 근육에서 가장 흔하게 발생하는 질환은 상완이두건염이다. 상완이두건은 이두근의 시작 지점으로 어깨관절 내의 관절와순과 연결되어 있는 부분이다. 이 부분이 손상되면 팔을 들어 올리거나 공을 던지는 동작이 어려워진다. 어깨를 반복적으로 많이 사용하는 사람에게 주로 생기는데, 야구선수나 수영선수 등이 흔히 겪는다.

상완신근은 이두근 중간 지점에서 시작해 척골(아래팔을 구성하는

2개의 뼈 중 안쪽에 있는 뼈)에 붙어 있다. 팔꿈치관절의 구부림을 돕는다. 상완요골근은 긴 전완 근육으로, 상완근에서 시작해 요골 뼈 끝에 붙어 있다. 어깨관절을 장시간 굽힌 상태로 유지하거나 팔꿈치를 구부린 채 물건을 드는 활동에서 통증이 시작되는 경우가 많다.

팔 후면 근육

위팔 뒤쪽에 위치하는 상완삼두근은 팔을 펴는 동작을 담당한다. 삼두근은 3개의 근육 덩어리로 이루어져 있다. 그중 외측두는 위팔에서 시작해 팔꿈치관절인 주관절 돌기에 붙어 있다. 내측두는 상완골 위쪽에서 시작해 주관절 돌기로, 장두는 견갑골에서 시작해 팔꿈치로 붙어 있다. 장두가 견갑골에 붙어 있기 때문에 팔과 어깨를 움직여 고립시킬 수 있다.

상완삼두근은 무언가를 밀거나 의자나 바닥에서 지지물을 잡고 일어날 때 사용되는 근육이다. 요골 신경구(위팔뼈의 중간 가쪽에 있는 고랑) 부위에 과한 힘이 가해지거나 부상이 생길 때 주로 문제가 발생한다. 상완삼두근이 약해지면 테니스엘보나 골프엘보처럼 팔꿈치관절의 내외측과 어깨 뒤쪽에 통증이 나타난다. 특히 팔꿈치를 펼 때 팔꿈치 뒤쪽에서 강한 통증이 발생한다.

다리

대퇴사두근

허벅지 앞쪽에 위치해 있는 대퇴사두근은 인체에서 가장 강력한 근육이다. 외측광근, 내측광근, 중간광근, 대퇴직근으로 이루어져 있다. 고관절을 굽히거나 무릎을 펴는 동작의 핵심 역할을 한다. 외측광근은 바깥쪽 대퇴근으로 대퇴골 끝에서 무릎관절의 슬개골(무릎관절의 전면에 있는 둥근 접시 모양의 뼈) 건까지 길게 붙어 있다. 내측광근은 안쪽 대퇴근으로, 대퇴골 끝과 슬개골 건에 붙어 있다. 잘 단련하면 다리 안쪽 부위에 물방울 모양의 근육이 만들어진다. 중간광근은 대퇴근 중간 깊숙이 위치한다. 이 근육은 대퇴직근에 가려져 있어 직접 볼 수는 없지만, 이 근육도 대퇴골과 슬개골 건에 붙어 있다. 대퇴직근은 엉덩이를 교차하는 유일한 대퇴근이다. 골반 가장 위에서 내려와 슬개골 건에 붙어 있다.

계단을 오르내리거나 경사가 있는 내리막길을 갈 때 무릎에 찌르는 듯한 통증이 느껴진다면 대퇴사두근에 문제가 생겼다고 볼 수 있다. 대퇴사두근에서 가장 근육량이 많은 외측광근이 약해지면 무릎을 펴고 구부리는 게 힘들어진다. 내측광근이 약해지면 무릎이 꺾이는 증상이 나타날 수 있다. 중간광근에 문제가 있을 경우 앉았다 일어날 때 잘 일어나지 못하는 증상이 관찰된다. 단순히 무릎이 쑤시거나 아프다면 대퇴직근의 문제일 가능성이 크다. 계단을 내려갈 때 근육이 약해진 느낌이 들 때도 대퇴직근의 약화를 의심해봐야 한다.

무릎 굴곡근

대퇴 후면에 있는 '햄스트링'이라 부르는 근육군이다. 이 근육들은 무릎을 구부리고, 발뒤꿈치를 엉덩이 쪽으로 당기는 역할을 한다. 무릎 굴곡근은 3개의 주요 근육 그룹으로 구성되어 있다. 그중 대퇴이두근은 2개의 근육으로, 긴 것은 궁둥뼈결절과 종아리뼈에 붙어 있고, 짧은 것은 대퇴골 뒤쪽에서 시작해 종아리뼈에 붙어 있다. 반막양근(반막근)은 넓고 얇으며, 깊은 근육은 궁둥이뼈결절에서 시작해 경골(정강이뼈)에 붙어 있다. 반건양근(반힘줄근)도 궁둥뼈결절에서 시작해 경골에 붙어 있다.

무릎 굴곡근에 이상이 생기면 엉덩이의 주름 부위를 중심으로 대퇴부 뒤쪽과 안쪽에 통증이 발생한다. 심해지면 오금을 중심으로 장딴지 안쪽까지 방사통이 퍼진다. 특히 의자에서 일어나거나 걸을 때 오금에서 엉덩이까지 당기면서 시큰거리는 통증이 나타난다. 골반이 비틀어지거나 몸에 맞지 않는 의자에 앉아 대퇴부 뒷면이 압박을 받는 경우, 또 운동을 무리하게 할 경우 무릎 굴곡근에 이상을 야기한다. 무릎 아래에 베개를 두고 눕는 자세를 장시간 지속해도 무릎 굴곡근에 문제를 불러일으킬 수 있으므로 주의해야 한다.

둔근

엉덩이 근육인 둔근은 몸통을 곧게 세우는 데 중요한 역할을 한다. 그중 대둔근은 둔근 중 가장 큰 근육으로, 천골(엉치뼈)과 요추 근막에서 시작해 장경인대에 붙어 있다. 중둔근은 둔근 깊은 곳에 위치해 눈으로 볼 수 없지만, 엉덩이와 대퇴의 안정성에 결정적인 역할을 한다. 중둔근은 엉덩이뼈 위 끝에서 시작해 바깥쪽 대퇴에 붙어 있다. 소둔근은 중둔근보다 더 깊숙이 위치해 있다. 이름처럼 작은 근육으로, 엉덩이 바깥쪽에서 시작해 대퇴 바깥쪽으로 이어진다. 둔근 통증은 근육의 긴장과 피로가 원인이다. 장시간 같은 자세를 유지하거나 무리한 운동을 할 경우 근육에 무리가 가해지면서 통증이 나타난다. 둔근 주변 조직에 염증이 발생할 때도 통증이 유발된다.

내전근

부채 모양을 이루고 있는 5개의 근육 그룹이다. 치골근, 장내전근, 단내전근, 대내전근, 박근으로 모두 엉덩이 안쪽에서 시작해 대퇴근 안쪽으로 붙어 있다. 내전근은 허벅지를 안쪽으로 모으는 작용을 하며 몸통 안정성 유지에 매우 중요한 역할을 한다.

내전근이 제 기능을 하지 못하면 무릎 안쪽에 통증이 나타나는데, 통증은 가만히 있을 때보다 움직일 때 더 심해진다. 서혜부 깊은 곳에도 통증이 발생하는데 하복부에 쑤시는 느낌이 들 수 있다. 남녀를 불문하고 비뇨기나 생식기 질환을 의심할 만한 증상이 나타나며, 생리통이나 따가운 느낌의 성교통이 나타나기도 한다.

종아리 근육

종아리는 비복근과 가자미근으로 구성되어 있다. 비복근은 무릎 관절의 뒤를 교차하는 유일한 근육이다. 2개의 덩어리로 이루어져 있으며, 발목의 아킬레스건으로 이어진다. 가자미근은 비복근보다 깊은 곳에 자리해 있다. 경골과 비골에서 시작해 아킬레스건에 붙어 있다.

갑자기 뛰거나 점프하는 등 과도한 움직임으로 비복근이 늘어나면 급성 부상이 발생할 수 있다. 근섬유가 파열되면서 통증이 나타나는데, 날카롭고 찢어지는 듯한 통증이 느껴진다. 근육의 긴장이 심해지면 붓거나 멍이 들기도 한다. 한편 가자미근이 손상되면 아킬레스건을 눌러 발끝으로 걷거나 발가락을 정강이 쪽으로 당길 때 통증을 느낄 수 있다. 과도하게 사용하면 자신도 모르는 사이에 근섬유 파열이 발생하며 종아리에 피로감이나 부기, 멍, 찌르는 듯한 통증이 나타난다.

다른 건 몰라도 이 근육만은 단련하자!

5대 인생 근육

▼

발

×

고관절

×

어깨

×

손

×

허리

▲

크고 아름다운 근육은 근력 운동을 하는 모든 사람의 소망이다. 하지만 그보다 더 중요한 일이 있다. 직립과 보행 그리고 일상을 유연하게 수행하기 위한 '인생 근육'을 지키는 것이다. 우리 몸에서 가장 기본이 되는 이 근육들의 건강 상태야말로 삶의 질을 좌우한다. 이 근육들이 건강하게 살아 있어야 내 발로 걷고 내 손으로 씻고 먹을 수 있으며, 인간다운 삶을 영위할 수 있기 때문이다.

삶의 질을 높이는 인생 근육에는 발과 고관절, 허리, 어깨, 손 주변 근육 등이 해당된다. 실제 노년기의 많은 사람이 고관절 손상으로 휠체어 신세를 진다. 고관절 골절이 죽음을 부른다는 것은 이미 잘 알려진 이야기다. 허리나 어깨 통증 때문에 외출이 불가능하다면 삶의 만족도를 이야기할 수 없을 것이다.

인생 근육을 건강하게 지킨 사람들은 노화가 진행되어도 활동력이 저하되지 않는다. 자기가 원할 때 산책이나 운동을 할 수 있고, 직접 장을 보거나 여행도 자유롭게 할 수 있다. 이 근육들이 손상되거나 약해지면 스스로 할 수 있는 일이 하나씩 줄어든다. 나를 지키는 가장 기본적인 힘은 5대 인생 근육을 지키는 데서 나온다. 나이가 더 들기 전에 날마다 꾸준히 단련해야 할 인생 근육 운동을 배워보자.

발과 발목에 힘을 싣는

제자리 러닝

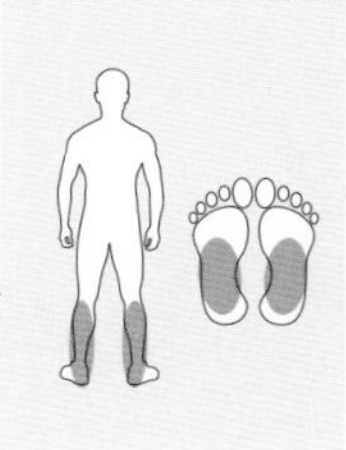

운동 부위 : **비복근, 가자미근, 발 내재근**

운동 효과 : **종아리 근육과 발목 근육 강화, 발 내재근 활성화**

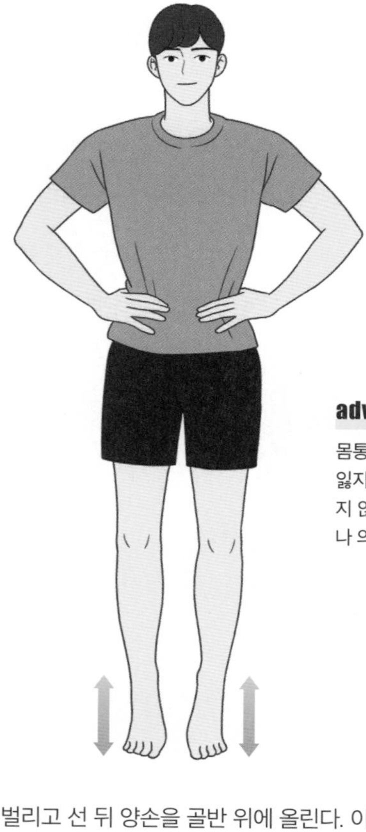

advice

몸통이 과하게 흔들리거나 중심을 잃지 않아야 한다. 균형감각이 좋지 않은 경우 지지할 수 있는 벽이나 의자를 활용한다.

1 두 발을 어깨너비로 벌리고 선 뒤 양손을 골반 위에 올린다. 이때 척추의 정렬을 바르게 한다.

2 양발의 뒤꿈치를 빠르고 리듬감 있게 동시에 올렸다 내린다.

3 1분간 반복한다.

강철 같은 고관절 만드는

스모 스쿼트

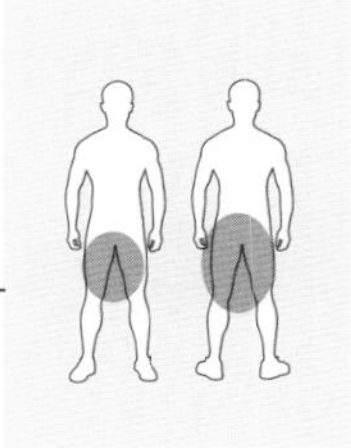

운동 부위 : **둔근, 대퇴사두근, 대퇴근막장근, 햄스트링, 박근, 슬와근**
운동 효과 : **엉덩이 근육과 허벅지 앞뒤 근육 강화, 내재근 단련**

advice

앉았다 일어설 때 무릎이 흔들리지 않아야 하며 발가락과 같은 방향을 유지하도록 신경 쓴다.

1. 두 발을 어깨너비보다 넓게 벌리고 선 뒤 양손을 골반 위에 올린다. 발끝은 바깥쪽으로 45도 정도 벌리고, 무릎은 발끝과 같은 방향을 향하도록 정렬한다.
2. 등은 곧게 펴고 엉덩이를 뒤로 밀면서 깊숙이 쪼그려 앉았다 일어난다. 이때 발뒤꿈치와 허벅지 안쪽 힘을 사용해 상체를 들어 올린다.
3. 1분간 반복한다.

어깨 통증 평생 예방하는

푸시업

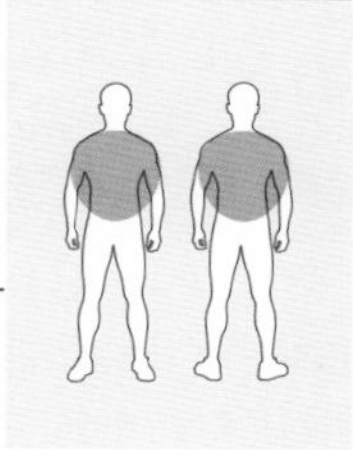

운동 부위 : **상완삼두근, 상완이두근, 상완근, 대흉근**

운동 효과 : **팔·가슴·코어 근육 강화, 어깨관절 가동력 확대**

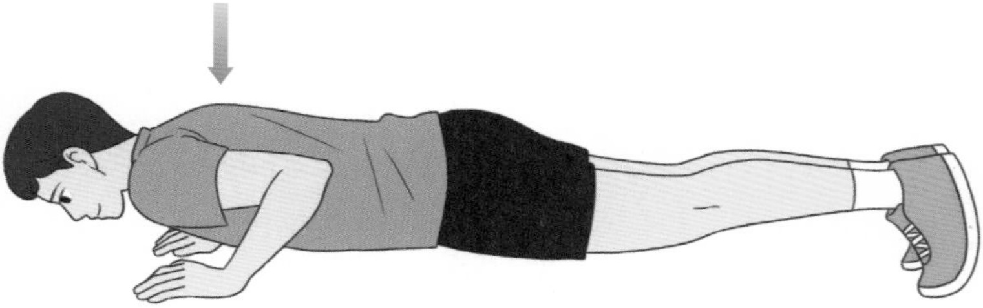

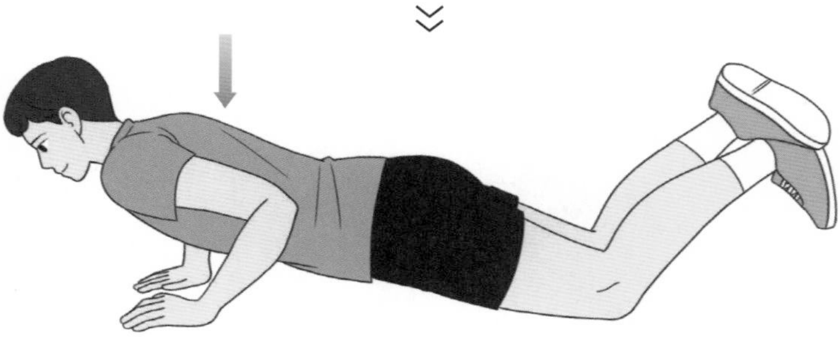

1 양손과 양발을 바닥에 대고 엎드린 후 두 손을 어깨너비보다 넓게 벌린다. 이때 양손은 어깨보다 아래에 두고, 머리끝부터 발끝까지 일직선을 이루어야 한다.

2 가슴을 내미는 느낌으로 팔꿈치를 구부려 몸을 바닥 가까이 낮춘다. 팔을 구부릴 때 팔꿈치가 바깥으로 빠지거나 몸 안쪽으로 들어오지 않도록 주의한다.

3 겨드랑이에 힘을 주면서 가슴을 모으는 느낌으로 팔을 펴 몸을 올린다. 10회 반복한다.

4 이번에는 양쪽 무릎을 바닥에 대고 팔꿈치를 구부려 몸을 내렸다가 올린다. 10회 반복한다.

양손에 자유를 더해주는

손가락 플랭크

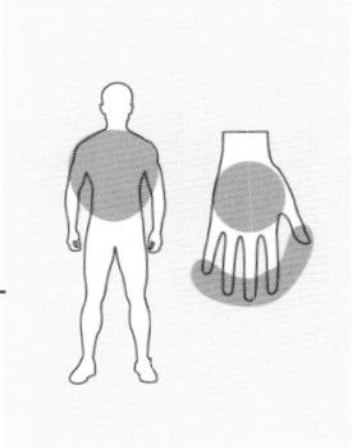

운동 부위 : **대흉근, 팔 근육, 코어 근육, 손바닥과 손가락 근육**

운동 효과 : **심부 안정화 근육 강화, 손바닥과 손가락 근육 강화, 균형감각 향상**

advice

손가락과 손바닥의 힘이 약한 경우 무리가 되지 않는 선에서 시간을 조절한다.

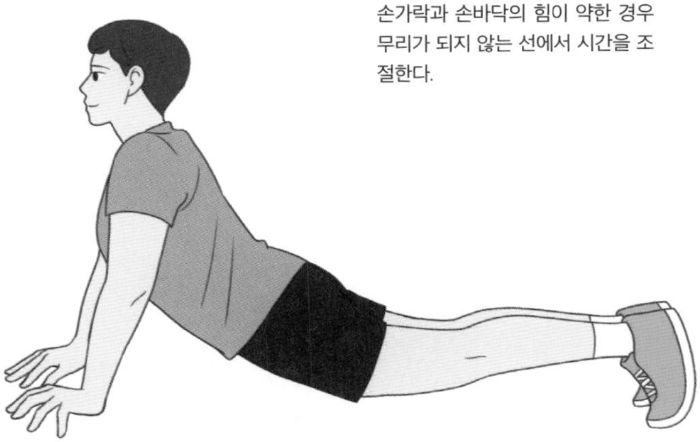

1 양손과 양발을 바닥에 대고 엎드린다. 이때 양손과 양발은 어깨너비로 벌린다.

2 양쪽 무릎을 바닥에 대고 양손은 손가락을 활짝 펴서 손끝의 힘으로 바닥을 딛는다.

3 몸을 최대한 일자로 만든 상태에서 복부에 힘을 주며 10초간 버틴다.

허리를 부드럽고 강하게 만드는 스위밍

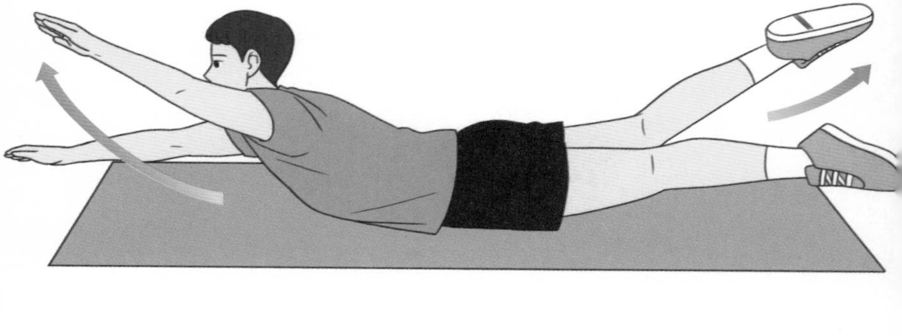

1 바닥에 배를 대고 엎드린다. 양팔과 두 다리를 쭉 뻗은 후 바닥에서 살짝 들어 올린다.

2 왼팔과 오른쪽 다리를 함께 위로 들어 올린다.

운동 부위 : **척추기립근, 요방형근, 중둔근, 장요근**
운동 효과 : **등 근육 강화 및 긴장 해소, 척추기립근 활성화, 등과 허리의 유연성 향상**

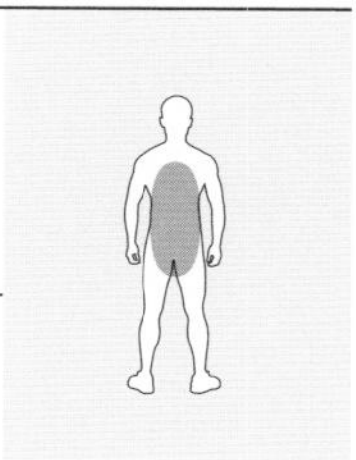

advice

팔과 다리를 움직일 때 몸통이 흔들리지 않게 신경 쓰며, 목이나 허리가 과하게 꺾이지 않도록 주의한다.

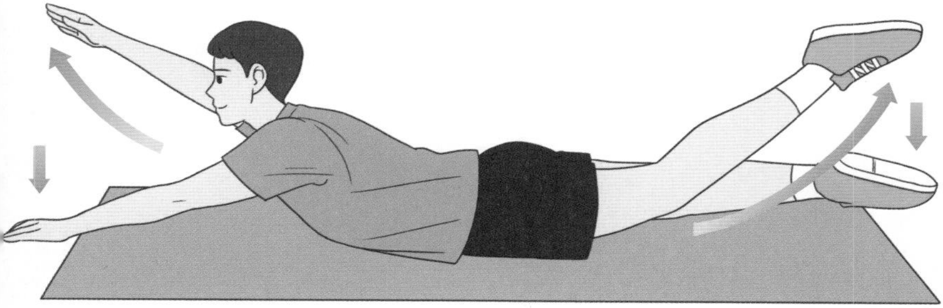

3 그대로 왼팔과 오른쪽 다리를 아래로 내리면서 동시에 오른팔과 왼쪽 다리를 들어 올렸다가 내린다.

4 팔과 다리를 서로 교차해 들었다 내리기를 1분간 천천히 반복한다.

지속 가능한 근육투자 습관 만들기

STEP 1

근력 운동 전후 컨디션 관리법

규칙적인 운동을 하면 근력, 근지구력, 심폐지구력 등 신체의 전반적인 기능이 향상되고 면역력이 높아져 젊고 건강하게 살 수 있다. 그러나 모든 운동에는 부상의 위험이 있고, 개인의 상황에 따라 유의해야 할 부분이 있다. 부상의 위험을 줄이고 운동 효과를 최대치로 끌어올리려면 운동 전후에 꼭 지켜야 할 관리법이 있다.

운동 전

충분한 준비운동과 컨디션 관리

본격적인 운동을 시작하기 전에 팔 벌려 뛰기나 가벼운 달리기 같은 동적인 스트레칭을 하는 게 좋다. 10분가량 가볍게 뛰는 식의 준비운동을 하면 온몸의 혈류량이 늘어나고 관절을 부드럽게 만들어 근육이 충분히 늘어난 상태가 된다. 이는 부상을 예방하기 위한 필수적인 절차다. 또 반드시 자신의 체력 수준과 컨디션을 체크해야 한다. 열이 나거나 피로가 심하거나 설사, 감기, 관절 이상 등 평소와 다른 증상이 느껴지면 운동을 하지 않는 편이 좋다.

특히 숙취가 심할 때는 운동을 하지 않아야 한다. 흔히 술 마신 다음 날 하는 운동은 바람직하다고 생각하는데, 이는 그릇된 생각이다. 대부분 전날 마신 알코올 성분이 운동을 통해 땀으로 배출되어 숙취가 해소되고 몸의 독소 역시 빠르게 제거된다고 오해한다. 그러나 알코올은 간에서 해독한다. 운동으로 해독하는 알코올의 양은 미미하다. 따라서 운동으로 숙취를 풀겠다는 접근은 전혀 근거가 없는 생각이다.

오히려 술 마신 다음 날에는 운동을 하지 않고 쉬는 게 좋다. 술로 인해 신경이 둔감해져 평소처럼 무게를 늘리거나 무리하면 부상의 위험이 커진다. 또 근육 자체가 피로해져 운동 효과가 떨어진다. 근육 회복량 역시 감소하고, 위나 장에 무리가 더해져 소화불량을 유발하기도 한다.

운동 전 수분 섭취는

가급적 순수한 물을 섭취한다. 알코올이나 카페인이 든 음료를 마시면 오히려 몸속의 수분이 빠져나간다. 또 운동 직전 수분을 너무 많이 섭취하면 위가 팽만해져 거북함을 느끼기 쉽다. 운동 시작 2시간 전쯤에 400~600mL를, 운동 시작 15~30분 전에 300~500mL의 수분을 섭취하는 게 좋다.

운동 중
자신의 체력에 맞춰 즐겁게

자신의 체력 수준에 맞는 운동을 선택하는 게 무엇보다 중요하다. 운동을 하면서 체력과 컨디션에 맞춰 운동량과 강도를 조절한다. 운동을 잘 하지 않던 사람이 욕심을 부리면 그 끝은 대부분 좋지 않다. 운동한 다음 날 일상생활이 힘들 정도의 통증과 알배김을 경험할 수 있다. 심하면 횡문근융해증으로 병원 신세를 질 수도 있다. 그러니 무리해서 운동량을 늘리거나 강도를 높이기보다 그날 컨디션에 맞춰 즐기면서 할 수 있는 운동을 선택하는 게 좋다.

운동기구를 사용할 때는 자신의 체격에 맞게 적절히 조절하고, 한 부위만 계속하기보다 부위별로 다양한 운동을 하는 것이 효율적이다. 운동 중에 가슴이 답답하거나 숨쉬기가 힘들거나 통증, 불편감 등 이상 증세가 느껴지면 즉시 중단하고 안정을 취해야 한다. 고혈압이나 심근계 질환자의 경우 관절이나 뼈 부위에서 고통이 느껴질 수 있으므로 너무 무거운 중량은 피하는 것이 좋다.

식사와 운동의 간격은 1~2시간 정도가 적당하다. 식사 직후에는 소화 작용으로 인해 근육이 혈액을 충분히 공급받기 어려워 운동의 효율성이 떨어진다. 복부에 불쾌감이 느껴질 수도 있다.

운동 중 수분 섭취는

운동 중에는 몸에서 전해질과 수분이 빠져나가기 때문에 지속적인 수분 섭취가 필요하다. 하지만 갈증을 느낀다고 다량의 수분을 섭취하면 위장에 큰 부담이 될 수 있다. 운동 중에는 100~150mL 정도를 15~20분 간격으로 나눠 마신다.

운동 후
스트레칭과 따뜻한 샤워로 근골격계 피로 해소

그날의 운동을 마무리하는 정리운동 '쿨다운Cool-down' 역시 매우 중요하다. 쿨다운은 인체 각 기관과 조직의 생리적 작용을 안정시키고 회복하는 데 목적이 있다. 이때 스트레칭이 큰 도움이 된다. 몸의 각 부위를 늘이고 돌리면서 활동이 가중된 근육의 자극을 천천히 줄이고, 근육 운동으로 쌓인 피로물질인 젖산의 제거 속도를 높여 회복을 돕는다. 스트레칭은 유연성을 높이는 효과도 뛰어나다.

운동 후 따뜻한 물로 하는 샤워 역시 근골격계의 피로 회복에 그만이다. 간혹 찬물로 샤워하는 사람들이 있는데, 찬물 샤워는 급격한 혈관 수축을 일으켜 혈압이 상승하거나 심장에 무리가 올 수 있으니 피한다. 운동 직후 식사는 위장에 부담을 줄 수 있으므로 최소 30분 정도의 시간차를 두어야 한다.

운동 후 근육통이 발생하는 것은 당연하다. 보통 운동이 끝난 직후에는 별다른 증상이 없다가 다음 날 아침부터 근육통이 시작된다. 이를 예방하려면 운동이 끝난 후 10분 이상 마사지하는 습관을 들이는 게 좋다.

운동 후 수분 섭취는

땀으로 많은 양의 수분과 전해질이 빠져나간 상태이므로 충분한 양의 수분을 보충한다. 운동 후에 마시는 물의 양은 특별히 제한할 필요 없이 충분히 섭취해도 괜찮다. 장시간 운동을 하다 끝냈다면 스포츠음료나 과일 주스 등으로 당분을 채우는 것도 좋다.

STEP 2

내가 먹는 것이 내 몸을 만든다

물만 먹어도 살찌는 몸은 없다. 살이 찌는 원인은 소비 칼로리보다 섭취 칼로리가 더 많기 때문이다. 섭취량을 줄이고 운동량을 늘리면 분명 탄탄하고 건강한 몸을 가질 수 있다. 그저 하루 이틀 하다 마는 것이 아니라 평생을 유지할 수 있는 지속 가능한 건강한 식이요법이 필요하다. 소중한 나의 몸에게 무엇을 먹이고 어떻게 살게 할지는 전적으로 나의 선택에 달렸다. 운동에 앞서 건강의 기본은 식단이다. 운동과 식이요법이 조화롭게 상호작용해야 최상의 결과를 얻을 수 있다.

굶으면 살찌기 쉬운 몸으로 변한다

젊은 다이어터 중에는 먹지 않으면 살이 찌지 않을 거라는 생각에 극단적인 단식을 하는 이들이 많다. 하지만 그렇게 간단한 문제가 아니다. 계속 굶으면 필요한 영양소가 공급되지 않아 지방뿐 아니라 몸에 꼭 필요한 단백질과 근육까지 사라진다. 굶으면 당, 지방, 단백질까지 같이 소비되는 것이다.

우리 몸은 당의 공급이 저하되면 체내 지방을 연소하면서 에너지를 발생시키는데, 이때 케톤체가 형성된다. 한마디로 몸이 산성화된다는 의미다. 그러면 신진대사 능력이 현저히 떨어진다. 다이어트를 더 심하게 하면 몸은 단백질까지 분해하며 에너지를 만들기 위해 노력한다. 세포, 효소 등 우리 몸에 중요한 요소들은 단백질을 기반으로 만들어져 있기 때문에 몸이 더욱 혹사당할 수밖에 없다.

굶는 다이어트로 단백질까지 소비하게 되면 신진대사는 더욱 저하된다. 일시적으로 몸무게가 줄어든다 해도 건강을 잃을 수 있다. 결국 근육 손실로 기초대사량이 낮아지고 신진대사가 저하되면서 조금만 먹어도 오히려 살이 찌는 몸이 되고 만다.

식품 영양 정보를 가까이에

가장 경계해야 할 것은 당류와 나트륨 섭취다. 식품을 구매할 때는 당류와 나트륨, 식품첨가물 등의 함유량을 볼 수 있는 식품 영양 정보를 확인하는 습관을 들여야 한다.

당류

탄수화물 중에서 단맛을 내는 성분인 당류. 과일이나 곡류 등에도 들어 있지만 특히 가공식품에 많이 들어 있다. 당을 경계해야 한다고 말하는 데는 이유가 있다. 하루 에너지를 초과하는 부분은 지방으로 저장돼 비만을 일으킨다. 게다가 단맛 중독, 활성산소 생성 촉진, 과식 유발, 두뇌 활동 방해 등 당류의 폐해는 엄청나다. 비만과 당뇨 발생률을 올리는 주범이지만 우리는 일상에서 생각보다 쉽게 당류를 과량 섭취하고 있어 주의가 필요하다. 실제 2014년 기준 우리나라 국민의 하루 당류 평균 섭취량은 61.4g이고, 당뇨 유병률은 30세 이상 성인 7명당 1명꼴에 달한다.

우리나라 성인의 하루 당류 적정 섭취량은 50g이다. 특히 식품 조리 및 가공 과정에서 첨가되는 첨가당은 10% 이내로 제한하고 있지만, 카페에서 음료 한 잔만 마셔도 하루 당류 적정 섭취량을 훌쩍 넘기게 된다. 프랜차이즈에서 판매하는 아이스티, 스무디, 에이드 등은 당 폭탄으로 불릴 정도로 당 함유량이 어마어마하다. 마트와 편의점에서 쉽게 구매하는 커피류도 그 못지않은 당류를 포함하고 있다. 어린이들의 하루 당류 섭취도 예외가 아니다. 어린이 하루 당류 적정 섭취량은 35g이지만, 탄산음료나 과자 등을 통해 하루 기준치를 금세 넘어서기 일쑤다.

최근에는 당류를 줄이기 위해 설탕 제로 식품이나 알룰로스, 스테비아 등 대체제가 나오고 있다. 하지만 무엇보다 조금 덜 달게 먹고, 자신이 무엇을 먹는지 평소 확인하는 습관을 들이는 게 중요하다.

나트륨

우리나라 사람들이 짜게 먹는 것은 이미 세계적으로 유명하다. 세계보건기구에서 제시하는 하루 나트륨 섭취 적정량은 2,000mg 또는 소금 5g이다. 우리나라 기준은 이를 상회한다. 성인 남성 하루 나트륨 섭취 적정량은 3,600mg, 성인 여성은 2,800mg이다. 그런데 실제 생활에선 이 기준마저 넘기기 일쑤다. 특히 가공식품과 패스트푸드를 먹거나 외식할 경우 나트륨 함량은 더 높다. 나트륨을 과다 섭취하면 고혈압과 심장 질환, 뇌졸중, 신장 질환의 위험성이 높아지고 체내 수분이 빠져나가지 못해 부종이 나타난다.

따라서 성인 남성은 하루 나트륨을 2,300mg 이하, 성인 여성은 하루 2,000mg 이하로 섭취하도록 한다. 특히 외식보다 집밥을 통해 나트륨 섭취를 줄여야 한다. 토마토, 오이, 감자 등 칼륨이 풍부한 채소는 나트륨을 몸 밖으로 배출하는 효과가 있다. 식이섬유가 풍부한 과일류를 자주 섭취하는 것도 좋다. 식사 시 소금보다 허브나 겨자, 고추, 후추 등의 향신료를 사용하거나 식사 전에 물을 마셔 체내 나트륨 농도를 낮추는 방법도 도움이 된다. 가공식품을 섭취할 때는 식품 영양 정보에 나와 있는 나트륨 함량 정보를 반드시 확인하도록 한다.

식품첨가물

가공식품에 으레 포함되는 식품첨가물은 화학합성 덩어리다. 햄과 소시지에 들어 있는 1급 발암물질인 아질산나트륨, 청량음료와 과자에 들어 있는 아스파탐과 아세설팜, 보존제인 안식향산나트륨과 소르브산칼륨 등 종류도 다양하다. 가공식품 중 식품첨가물이 없는 음식은 거의 없다고 봐야 한다.

식품첨가물이 몸에 좋지 않은 이유는 무엇일까? 인류가 오랜 시간 먹어 온 자연에 있는 천연식품은 인체가 그 처리 방법을 익히 알고 있어 소화와 대사에 익숙하다. 하지만 화학첨가제는 우리 몸에 해독할 능력이 없다. 그런 까닭에 처리 과정에서 뜻하지 않은 화학 반응으로 인해 독소가 발생하고 비만과 호르몬 교란, 염증 반응이 나타난다. 결국 우리 몸에선 암을 비롯한 각종 질병이 유발될 가능성이 높다. 게다가 자주 먹으면 체내에 쌓이기 때문에 주의가 필요하다. 가공식품의 식품첨가물 섭취를 완전히 피할 수는 없지만, 위험성을 충분히 인지하고 지나치게 많이 섭취하지 않도록 조심한다.

무엇보다 가능하면 가공 차수가 높은 식품은 피하고 원재료에 가까운 음식을 즐기는 습관을 들여야 한다. 어쩔 수 없이 먹어야 한다면 햄이나 어묵 같은 재료는 끓는 물에 최소 3분 이상 데친다. 식품첨가물에 들어 있는 상당 부분의 독은 지방에 쌓이므로 열심히 운동해서 지방을 태워 배출하는 것도 도움이 된다.

지속 가능한 다이어트 습관 필요

근육이 탄탄히 자리 잡은 건강한 몸을 만들기 위해서는 식단 60%, 운동 30%, 휴식 10%의 규칙을 지켜야 한다. 운동을 해도 제대로 된 식단이 뒷받침되지 않는다면 오히려 근육을 잃을 수 있다. 물론 체력도 약해진다.

운동하기 30분~1시간 전에는 탄수화물과 단백질을 섭취한다. 운동에 필요한 에너지를 보충하고 근육 손상을 최소화하기 위해서다. 운동 후 30분 이내에는 단당류 탄수화물과 단백질을 섭취하면 좋다. 인슐린 민감성을 높여 근육의 동화 작용을 촉진한다. 운동으로 손상된 근육을 회복하는 데에도 도움을 주기 때문에 근육이 효과적으로 성장한다.

건강한 성인 남성은 하루 약 2,500~3,200kcal가 필요하고, 성인 여성의 경우 약 1,500~2,200kcal가 필요하다. 그러나 칼로리만 높은 가공식품, 특히 초가공식품은 건강에 매우 해롭다. 기본적으로 가공식품은 탄수화물이 많은 반면 단백질은 적고 기름에 튀긴 것이 많으며, 여러 가지 첨가물로 범벅되어 있다.

평소 과식을 피하고 음식 섭취량을 조절하며 영양가 있는 음식을 선택하도록 한다. 지방과 당류를 줄이고 규칙적으로 신선한 과일과 채소, 단백질, 곡류, 충분한 수분을 섭취한다. 단기적인 다이어트 효과를 노린 식단이 아니라 건강한 식습관과 꾸준한 운동으로 일상을 건강하게 채우려는 자세가 필요하다.

STEP 3

잠만 잘 자도 근육은 회복된다

수면은 건강한 삶을 지키는 가장 중요한 요소 중 하나다. 수면이 부족하면 각종 성인병에 걸릴 수 있고 정신 건강까지 위협받는다. 근육이 회복하고 성장하는 과정에서도 수면의 역할은 절대적이다. 수면은 근육을 리셋하는 신의 선물이다.

잘 자야 성장호르몬이 최대치로 분비된다

잠을 잘 자는 것은 근육을 지키는 일이다. 인체는 세포를 재생하거나 운동으로 손상된 세포를 회복할 때 성장호르몬을 사용하는데, 이 호르몬은 잠을 푹 잘 때 분비된다. 성장호르몬은 성장기 어린이와 청소년의 성장을 촉진하는 호르몬이지만 이미 성장이 끝난 어른에게도 필요한 셈이다.

성장호르몬은 운동 후 또는 수면을 취하는 밤에 가장 많이 분비된다. 청소년기에 키가 크려면 운동을 많이 하고 잘 자야 한다고 말하는 것처럼, 근육을 성장시키려면 운동과 깊고 질 좋은 수면이 꼭 필요하다. 건강한 사람의 경우 혈장 속에 성장호르몬이 1.0ng/mL 이하, 즉 아주 적은 양으로 존재한다. 취침 시 증가하고, 꿈을 꾸는 렘수면REM, Rapid Eye Movement 시 억제되는 형태로 제 역할을 한다.

인간이 잠을 잘 때는 꿈을 꾸는 얕은 수면 시간인 렘수면과 꿈을 꾸지 않는 깊은 수면 시간인 비렘수면Non-REM이 번갈아 발생한다. 전체 수면 시간의 40%에 달하는 비렘수면 단계에서는 크고 느린 뇌파가 나타난다. 그러면 혈압이 떨어지고 호흡이 길고 느리게 이어지면서 근육과 신체가 회복된다. 이때 뇌는 거의 활동하지 않고 쉬기 때문에 많은 양의 혈액이 근육으로 옮겨 간다. 그 결과 뇌하수체가 조직 성장과 근육 회복을 자극하고 성장호르몬과 인슐린 성장인자를 방출한다. 그러면 근육을 치유하고 성장을 촉진하는 산소와 영양소가 더 많이 전달되면서 신진대사와 면역력 증진이 활발해진다.

수면이 부족하면 쉽게 살찌고 근육이 소실된다

잠을 제대로 못 자면 지방은 그대로인데 근손실이 발생한다. 근육 회복이 더뎌지고 코르티솔을 포함한 여러 스트레스 호르몬의 수치가 증가하면서 글리코겐 합성이 감소하고, 염증성 사이토카인의 생성이 증가해 체내 염증이 쉽게 발생한다. 또 교감신경과 부교감신경에도 혼란이 오면서 운동에 집중하지 못하고 다칠 가능성이 커진다.

잠은 식욕에도 영향을 준다. 제대로 잠을 못 자면 포만감을 느끼는 호르몬인 렙틴은 줄어들고 반대로 허기를 느끼는 그렐린이 활성화하면서 배고픔을 느끼게 된다. 렙틴은 체지방을 소모하는 데 도움을 주기 때문에 잠을 못 자면 그 불이익이 이만저만이 아니다.

잠을 못 자면 근육이 사라지고 쉽게 살이 찌는 체질로 변한다. 제아무리 좋은 영양제를 먹고 충분한 단백질을 섭취해도 소용이 없다.

건강한 숙면을 하고 싶다면

하루 적정 수면 시간은 성인의 경우 7~8시간, 어린이는 9~10시간이다. 매일 비슷한 시간에 잠들고 규칙적으로 일어나야 신체 리듬을 유지하기 좋다. 잠자리는 깨끗하고 잘 정돈된 쾌적한 환경으로 마련한다. 침실의 온도와 습도 조절에도 신경을 써야 한다. 숙면을 위한 침실 온도는 겨울에는 16℃ 이상, 여름에는 26℃ 이하가 적절하며 습도는 계절과 관계없이 50~60%를 유지해야 좋다. 잠들기 전에 침대에서 몸의 긴장을 푸는 스트레칭을 하면 숙면하는 데 도움이 된다.

카페인 섭취는 줄이는 것이 좋다. 카페인은 뇌의 각성 상태를 높여 수면의 질을 저하시킨다. 잠들기 전에 스마트폰 사용도 자제한다. 어두운 상태에서 눈이 인공 불빛에 노출되면 수면 시 분비되는 멜라토닌 호르몬을 억제해 불면증에 시달릴 수 있다.

STEP 4

스트레스를 다스려야 근력이 자란다

스트레스는 몸에 위협이 가해지거나 도전할 일이 생길 때 발생하는 자연스러운 생리적 반응이다. 우리 몸은 스트레스를 받으면 코르티솔, 아드레날린, 노르에피네프린 등과 같은 호르몬을 내보내 긴장하고 흥분 상태가 된다. 그러면 심장 박동수가 빨라지고 혈압과 호흡수가 갑자기 늘어나는 등의 반응이 나타난다. 우리 몸이 갑작스러운 상황 변화에 대처할 준비를 하는 것이다.

스트레스는 근육 생성을 방해한다

스트레스의 정도가 너무 강하거나 오랜 기간 만성적으로 발생하면 문제가 된다. 부신피질에서 분비되는 코르티솔이라는 호르몬 때문이다. 이 호르몬의 인체 혈중 농도가 높아지면 식욕을 높이고 지방을 축적하며, 혈압 상승과 근조직 손상까지 일으킨다. 실제 섬유근육통 환자의 상당수는 통증을 느끼기 전에 신체적 또는 심리적 스트레스를 받은 것으로 나타났다.

만성적인 스트레스에 노출되면 인체는 단백질 합성과 근육 생성을 방해하는 코르티솔 호르몬을 더 많이 방출한다. 문제는 코르티솔이 이미 만들어진 근육도 파괴한다는 사실이다. 근육 조직의 분해를 유발하고 에너지로 사용될 수 있는 아미노산을 만든다. 또 근육 형성에 결정적인 역할을 하는 테스토스테론 수치 역시 감소시킨다.

스트레스 호르몬을 물리치는 운동

스트레스는 근골격계와 심혈관계도 무차별적으로 공격한다. 근감소까지 일으키는 스트레스 호르몬의 기운을 꺾는 힘은 운동에서 나온다. 스트레스가 근감소를 일으켰다면 운동으로 다시 근육을 채워보자.

규칙적으로 운동을 하면 뇌하수체 전엽에서 스트레스와 불안, 우울증과 싸우는 호르몬인 엔도르핀을 내보낸다. 이른바 '러너스 하이 Runners High'를 맛보게 하는 스트레스 대항 호르몬이다. 쉽게 말해 격한 운동으로 육체적인 피로는 있지만 순간의 행복감을 느끼게 하는 호르몬을 다량 분비한다. 이밖에도 운동을 하면 체내 염증 수치가 떨어진다. 만성 염증은 우울증과 불안 등 다양한 정신 건강에 영향을 주는데, 운동이 그 원인을 제거하는 셈이다.

또 운동은 뇌로 가는 혈류를 증가시켜 인지 기능을 개선하고 신체 회복력을 증진시킨다. 신경전달물질을 다량 분비해 자율신경이 안정되게 하며 자신감과 자기효능감, 성취감을 크게 느끼도록 돕는다.

스트레스와 잘 싸우는 운동

· **유산소 운동** : 걷기와 러닝, 사이클, 수영 등 유산소 운동은 스트레스를 줄이고 뇌 건강 개선에 도움을 준다. 주 3~4회, 하루 30분 이상 실시한다.

· **요가** : 신체와 정신의 조화와 균형을 유지해준다. 불안을 낮추고 정신력을 향상시킨다.

· **스트레칭** : 근육의 긴장을 풀어주고 스트레스 지수를 완화해 정신 건강에 도움을 준다.

스트레스에 강한 생활 습관 만들기

스트레스를 잘 관리하려면 영양소가 풍부한 음식을 먹거나 내면의 만족감을 얻을 수 있는 활동을 해야 한다. 과도한 알코올이나 카페인 섭취, 니코틴은 피하는 게 좋다.

건강한 음식 섭취

· **오메가-3 지방산 :** 뇌를 건강하게 만들고 우울증이나 불안감을 완화시킨다. 연어, 아보카도, 견과류 등에 들어 있어 꾸준히 섭취하면 좋다.

· **트립토판 :** 스트레스 호르몬을 잡는 세로토닌의 생성을 돕는 아미노산이다. 스트레스를 줄이고 기분을 좋게 만든다. 바나나, 호두 등에 풍부하게 함유되어 있다.

· **항산화제 :** 산화 스트레스를 줄이고 뇌 기능을 개선한다. 과일, 채소, 콩, 견과류 등에 많이 들어 있다.

· **비타민B :** 뇌 기능을 개선하고 기억력을 증진시키는 데 도움을 준다. 고등어, 닭고기, 콩 등을 꾸준히 섭취하면 도움이 된다.

바른 생활 습관 만들기

· **충분한 수면 :** 수면이 부족하면 뇌 기능 저하와 우울증이 발생할 수 있다. 성인의 경우 하루 7~9시간의 숙면이 필요하다.

· **스트레스 관리 :** 명상과 깊은 호흡, 아로마테라피 등으로 몸과 마음의 긴장을 이완시킨다. 전문적인 치료사나 상담사를 만나 도움을 받는 것도 좋다.

· **사회적 교류 :** 친구와 가족 간 교류는 매우 중요하다. 사회적 지지와 유대감은 스트레스 감소와 긍정적인 기분 유지에 도움이 된다.

· **취미 활동 :** 음악, 영화, 독서, 미술 등 일상의 스트레스를 날리는 취미를 갖자. 정신 건강에 긍정적인 영향을 준다.

M

PART 5

평생 근력 만드는 최강의 근육 트레이닝

생존 근육 키우는

부위별 근력 운동

☑ 목

☑ 어깨

☑ 팔꿈치 & 손목

☑ 복부

☑ 등 & 허리

☑ 엉덩이 & 허벅지

☑ 종아리

근육 부자로 가는 첫 번째 운동
목

목에서 집중적으로 단련할 근육 1

신전근

목 신전근은 목 뒤쪽에 위치한 근육들로 두판상근, 경판상근, 후두하근 등으로 구성되어 있다. 두판상근은 두개골과 목뼈를 양측에서 이어주는 근육으로, 머리와 목을 펴고 한쪽으로 돌리거나 굽히는 작용을 한다. 두판상근 아래로 붙어 있는 경판상근은 머리와 목을 뒤로 젖히고 돌리는 역할을 담당한다. 두 근육은 목과 위쪽 등뼈를 안정화하는 기능도 한다. 후두하근은 머리를 받쳐주는 자세 안정화 근육이다. 머리가 미세하게 움직일 때 작용한다. 후두하근에는 신경세포가 많이 분포되어 있다. 뇌로 가는 큰 혈관이 후두하근 아래를 지나고 있어 근육이 경직되면 두통을 일으키고, 뇌혈관을 압박하면 혈액순환을 방해하기도 한다. 후두하근이 과하게 긴장하면 턱이 들릴 수 있으므로 평소 긴장을 풀어주는 운동을 꾸준히 해야 한다.

목에서 집중적으로 단련할 근육 2

굴곡근

목 굴곡근은 목 앞에 붙어 있는 두장근, 경장근, 전두직근, 측두직근의 근육을 아울러 말한다. 목을 구부리는 데 관여하며 경추의 안정성을 담당한다. 거북목이나 일자목 같은 나쁜 자세로 인해 목 근육이 경직되고 심부에 있는 굴곡근이 약해지는데, 이런 상태가 지속되면 목뼈에 무게가 가해져 통증이 생길 수 있다. 심부 굴곡근을 강화하면 목 겉면에 있는 근육들의 긴장을 완화시킬 수 있다.

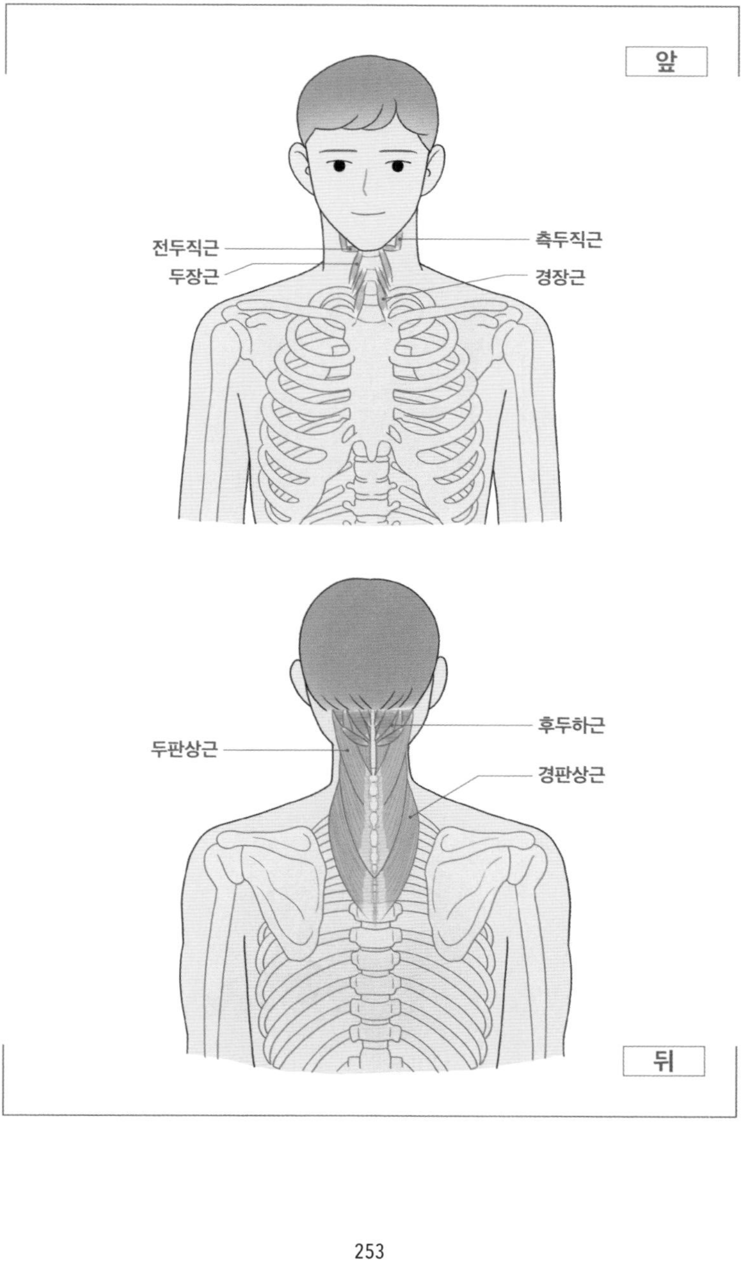
앞
전두직근
두장근
측두직근
경장근
후두하근
두판상근
경판상근
뒤

사선으로 서서 뒤통수로 벽 밀기

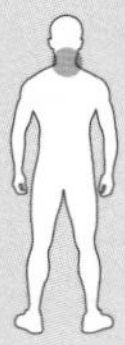

운동 부위 : 두판상근, 경판상근, 후두하근
운동 효과 : 목 뒤쪽 근육 강화

advice

발이 미끄러지지 않도록 주의한다. 적당한 블록이 없으면 쿠션이나 수건을 접어서 활용해도 좋다.

1 벽을 등지고 차렷 자세로 서서 두 발을 어깨너비로 벌린다. 이때 벽과의 거리는 크게 한 발 정도가 적당하다.

2 머리 뒤에 블록을 대고 벽에 사선으로 기대서서 머리로 벽을 밀며 버틴다.

3 1분간 자세를 유지한다.

사선으로 서서 옆통수로 벽 밀기

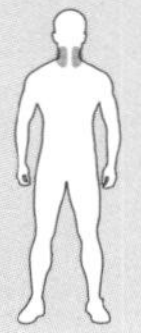

운동 부위 : 두장근, 경장근

운동 효과 : 목 측면 근육 강화

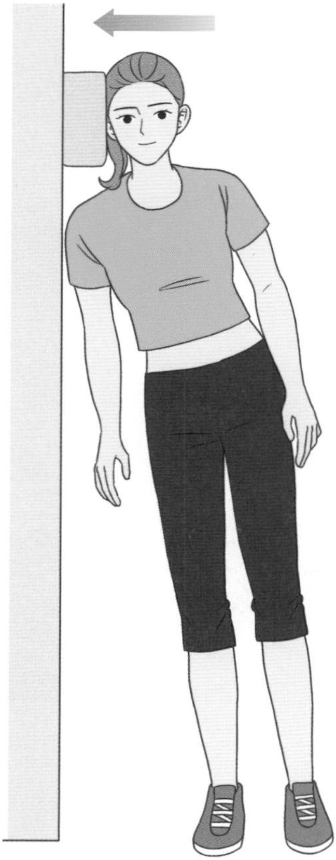

PLUS EXERCISE

사선으로 서서 이마로 벽 밀기

이번에는 벽을 바라보고 차렷 자세로 서서 두 발을 어깨너비로 벌린다. 이때 벽과의 거리는 한 발 정도가 적당하다. 이마에 블록을 대고 벽에 사선으로 기대서서 이마로 벽을 밀며 1분간 버틴다.

1 벽을 오른쪽에 두고 차렷 자세로 서서 두 발을 어깨너비로 벌린다. 이때 벽과의 거리는 반 발 정도가 적당하다.

2 머리 옆에 블록을 대고 벽에 사선으로 기대서서 옆통수로 벽을 밀며 버틴다.

3 1분간 자세를 유지한다.

누워서 고개 크게 끄덕이기

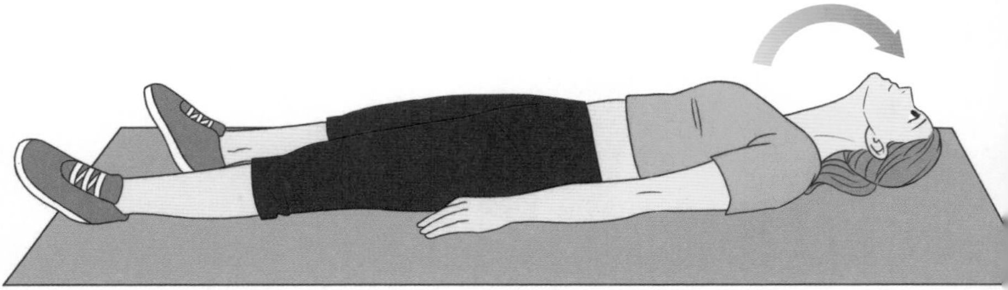

1 바닥에 등을 대고 반듯하게 눕는다. 이때 손바닥은 펴서 바닥에 대고, 두 다리는 쭉 뻗어 어깨너비로 벌린다.

2 몸통은 바닥에 붙인 상태에서 턱만 최대한 위로 들어 올려 30초간 버틴다.

운동 부위 : 두판상근, 경판상근, 후두하근, 두장근, 경장근
운동 효과 : 목 근육 경직 해소, 목 앞뒤 근육의 유연성 향상

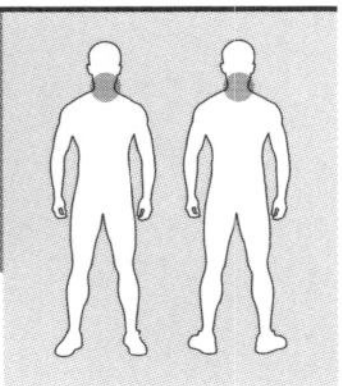

advice

고개를 움직일 때 머리가 바닥에서 들리지 않게 주의한다. 목에 통증이 느껴지지 않는 범위 내에서 움직인다.

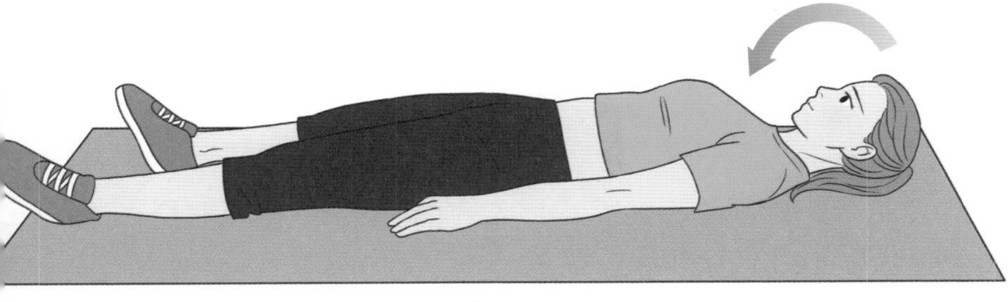

3 이번에는 턱과 목이 닿을 정도로 턱을 최대한 몸쪽으로 내려 30초간 버틴다.

엎드려 고개 들기

운동 부위 : 두판상근, 경판상근, 후두하근, 경장근

운동 효과 : 목 뒤쪽 근육 강화, 목 앞쪽 경장근 강화

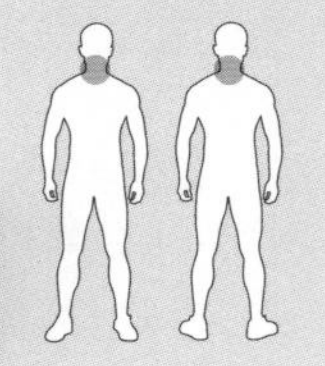

advice

고개를 들어 올릴 때 통증이 느껴진다면 처음에는 살짝만 들어 올렸다가 점차 고개 드는 각도를 늘려간다.

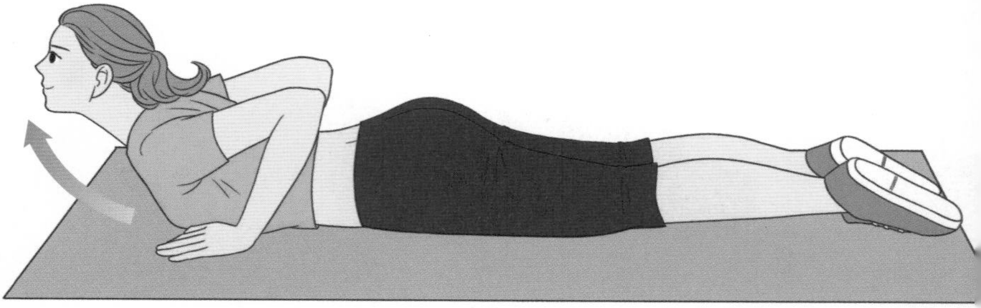

1 바닥에 이마와 배를 대고 엎드린다. 양쪽 팔꿈치를 구부려 양 손바닥으로 가슴 옆 바닥을 짚는다.

2 상체와 팔꿈치 각도는 그대로 유지한 채 목 앞쪽 근육을 늘이는 느낌으로 천천히 고개만 들었다 내린다.

3 10회 반복한다.

손바닥으로 뒷머리 당기며 버티기

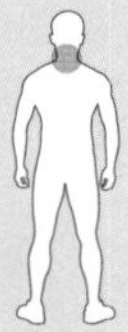

운동 부위 : 두판상근, 경판상근, 후두하근
운동 효과 : 목 뒤쪽 근육 강화, 뒷목 뻣뻣함 해소

advice

목과 어깨가 과하게 긴장하지 않도록 신경 쓴다. 손으로 너무 세게 당겨 목에 통증이 느껴지지 않도록 주의한다.

1 허리를 펴고 의자에 바르게 앉은 뒤 양손을 깍지 껴서 뒤통수에 댄다. 이때 두 다리는 자연스럽게 벌리고 앉아 몸의 균형을 잡는다.

2 깍지 낀 손으로 뒤통수를 당기고, 머리는 당겨지지 않게 3초간 버틴다.

TIP 당기는 힘과 버티는 힘이 균형을 이루어 머리가 움직이지 않아야 한다.

3 10회 반복한다.

근육 부자로 가는 두 번째 운동

어깨

어깨에서 집중적으로 단련할 근육 1

대흉근, 소흉근

대흉근은 쇄골 아래에서 시작해 양쪽 가슴의 앞쪽과 위쪽을 광범위하게 덮고 있는 부채꼴 모양의 두꺼운 근육이다. 몸통의 안팎 움직임에 관여하며 외부의 충격을 흡수한다. 위팔뼈로 이어져 있어 어깨와 상완골을 내회전하거나 모으는 데 중요한 역할을 한다.

소흉근은 대흉근 아래에 깊숙이 자리해 있다. 삼각형 모양으로 3, 4, 5번 늑골 앞쪽에 붙어 있다. 등에 있는 양쪽 날개뼈를 사선 방향으로 내밀거나 아래로 내리기, 내려서 돌리기 등의 움직임을 가능하게 하며 호흡 보조근 역할도 담당한다. 대흉근과 소흉근이 약해지면 굽은 등과 거북목이 나타나기 쉽고, 목과 어깨에 통증이 찾아온다.

어깨에서 집중적으로 단련할 근육 2

능형근, 전거근

능형근은 등에 있는 마름모꼴의 근육으로, 날개뼈 안쪽에 위치해 있다. 전거근은 겨드랑이 아래쪽 늑골을 톱니 모양으로 덮고 있는 근육이다. 어깨뼈 안쪽에서 시작해 늑골 1~9번까지 이어진다.

전거근과 능형근은 서로 반대되는 작용을 동시에 하는 길항근이다. 전거근이 수축을 해 등뼈와 흉곽을 이루는 뼈가 가까워지면 어깨뼈는 척추에서 멀어지고, 반대로 능형근이 수축을 하면 척추와 어깨뼈가 서로 가까워진다. 이렇듯 길항근 관계에 있는 근육들은 둘 중 한쪽의 유연성이 떨어지거나 강해지면 근육의 불균형이 발생하고, 그로 인해 골격이 강한 쪽으로 치우치게 된다. 라운드 숄더 때문에 고생하는 사람들은 대부분 능형근이 늘어지고 전거근이 단축된 상태라 제 기능을 하지 못한다.

어깨에서 집중적으로 단련할 근육 3

상완이두근, 상완삼두근

어깨부터 팔꿈치까지, 즉 상완의 중요한 두 근육이 이두근과 삼두근이다. 두 근육 역시 서로 길항근 관계에 있다. 알통의 정식 명칭인 상완이두근은 위팔의 앞쪽에 위치해 있으며 팔을 어깨 위로 들거나 팔꿈치를 굽히고, 손목을 돌리는 기능에 관여한다. 팔 위쪽 뒷면 근육인 상완삼두근은 팔꿈치를 펴는 작용을 담당한다.

상완이두근은 갑자기 무거운 물건을 들어 올리거나 혹은 강제로 팔꿈치를 펴거나 뒤틀면 힘줄에 염증이 생기거나 파열될 수 있다. 연쇄적으로 어깨의 다른 조직을 손상시켜 2차 부상으로도 이어진다.

상완삼두근 역시 건염이 발생하기 쉽다. 과사용에 의한 손상이 가장 많은데 팔 뒤편 전체적으로 통증이 나타난다. 심한 경우 목덜미와 전완(팔꿈치부터 손목까지의 부분)까지 통증이 번진다. 스트레칭을 과하게 하는 경우 어깨 통증이나 팔꿈치 통증을 유발할 수 있다. 다만 목 디스크나 협착증, 테니스엘보, 골프엘보 등과 구별해 진단해야 한다.

어깨에서 집중적으로 단련할 근육 4

승모근, 삼각근, 광배근

상체를 균형감 있게 키우려면 3개의 등 근육, 즉 승모근과 삼각근, 광배근의 발달이 매우 중요하다. 크기순으로는 광배근이 가장 크고, 그다음이 승모근, 마지막이 삼각근이다. 마치 하체의 근육 발달이 골반을 중심으로 이루어지는 것처럼 상체의 근육 발달은 어깨뼈를 중심으로 이루어진 3개의 근육이 중추적인 역할을 담당하고 있다.

그중 승모근은 어깨를 뒤로 끌어당기는 역할을 한다. 견갑골을 벌어지게 하는 게 아니라 뒤로 모아준다. 그래서 승모근이 약해지면 뒷목이 뻐근하고 두통이 오며, 장시간 방치할 경우 라운드 숄더로 진행될 수 있다.

삼각근은 봉긋한 어깨 곡선을 만드는 근육이다. 전방 삼각근, 후방 삼각근, 측면 삼각근으로 구성되어 있다. 쇄골과 어깨뼈에서 시작해 상완골로 붙어 위팔을 밖으로 뻗게 하고 돌리는 역할을 담당한다. 삼각근이 약해지면 어깨를 사용하는 모든 동작에서 뻐근함이나 통증이 발생할 수 있다. 주로 갑작스러운 충돌과 만성적인 과부하, 무리한 운동 등에 의해 손상된다. 초기에는 손상을 잘 느끼지 못하고 넘어가는 경우가 많은데, 이때 누르면 심한 압통이 느껴진다.

광배근은 등 하부를 덮는 삼각형 모양의 큰 근육으로, 허리뼈와 척추를 지지한다. 들어 올린 팔을 내리거나 내후방으로 당기는 작용을 한다. 수영을 하는 동작에서 팔로 물을 가를 때 가장 강한 힘을 내는 것이 바로 광배근이다. 철봉에 매달려 올라가거나 무거운 물건을 들어 올리거나 당기는 경우에도 광배근의 역할이 크다. 광배근 통증은 주로 등 또는 어깨 주변에서 나타난다. 주로 과도한 사용, 근육 긴장, 부상 또는 염좌로 인해 발생한다.

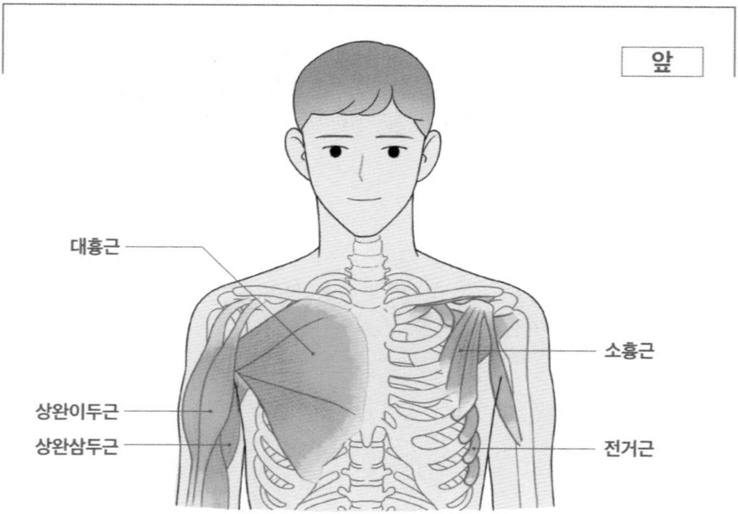
앞
대흉근
소흉근
상완이두근
상완삼두근
전거근

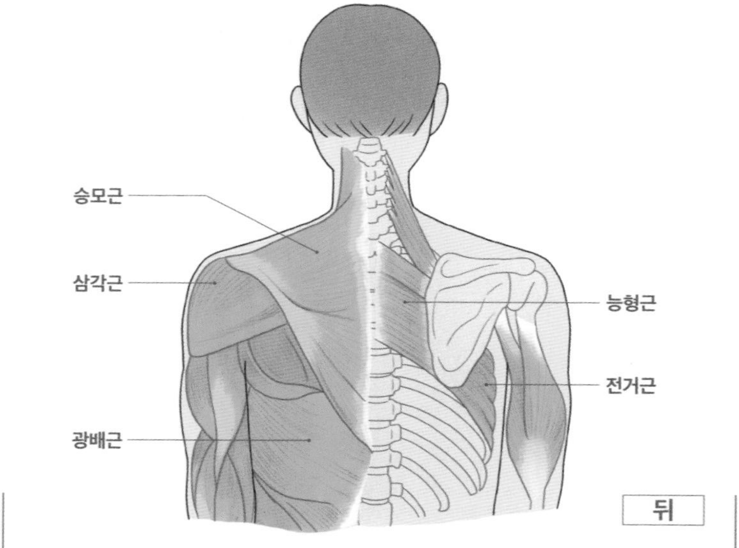
승모근
삼각근
능형근
전거근
광배근
뒤

의자에 엎드려 버티기

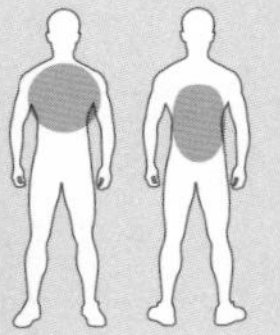

운동 부위 : 대흉근 소흉근, 전거근, 광배근

운동 효과 : 가슴과 등 근육 강화, 어깨 안정화

advice

흔들거리지 않는 견고한 의자를 사용한다. 발 역시 바닥에서 미끄러지지 않도록 조심한다.

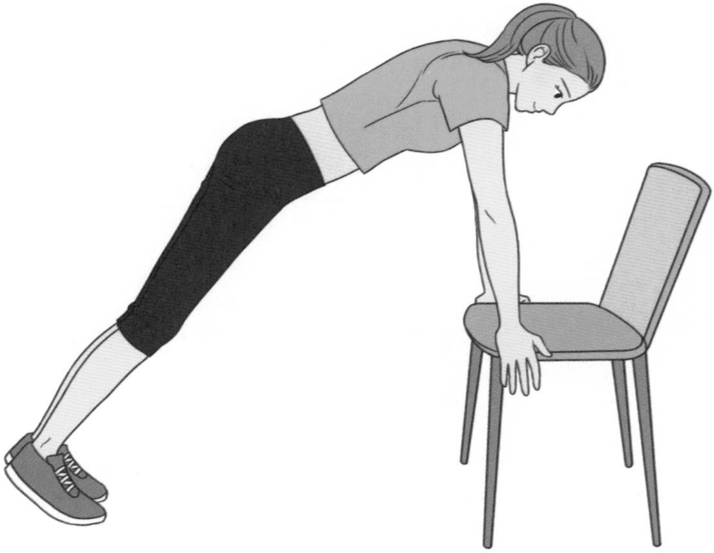

1 의자 앞에 서서 양손으로 의자 방석의 양쪽 끝을 잡는다.

2 두 다리를 뒤로 뻗어 몸을 45도 각도로 엎드린 후 10초간 버틴다.

밴드 위로 올려 당기기

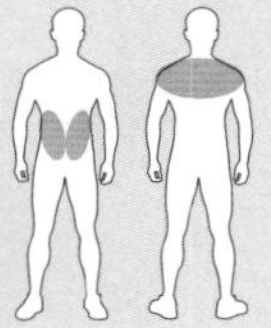

운동 부위 : 승모근, 삼각근, 전거근

운동 효과 : 어깨 근육과 등 위쪽 근육 활성화, 어깨 안정화

PLUS EXERCISE

밴드 몸 앞뒤로 내려 당기기

같은 자세에서 변형 동작을 해보자. 머리 위로 올려 잡아당긴 밴드를 몸 앞으로 어깨선까지 내려 10초간 버틴다. 다시 밴드를 위로 올렸다가 몸 뒤로 어깨선까지 내려 10초간 버틴다. 이때 몸을 앞으로 숙이거나 뒤로 젖히지 않도록 신경 쓴다.

1. 양발을 어깨너비보다 넓게 벌리고 선다.
2. 몸 앞에서 양손으로 밴드를 잡아 그대로 머리 위로 올린 후 벌린 다리 너비만큼 양옆으로 밴드를 잡아당긴다.
3. 10초간 자세를 유지한다.

누워서 엉덩이 들어 올리기

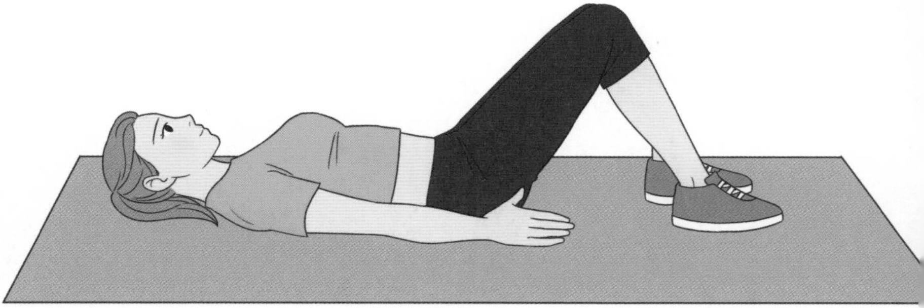

1 바닥에 등을 대고 누운 상태에서 양쪽 무릎을 90도로 굽힌다. 이때 두 다리는 어깨너비로 벌리고 양팔은 몸 옆으로 쭉 뻗은 후 손날을 바닥에 댄다.

운동 부위 : 광배근, 능형근, 상완삼두근
운동 효과 : 어깨와 쇄골 안정화, 등 근육 강화, 상완삼두근 강화

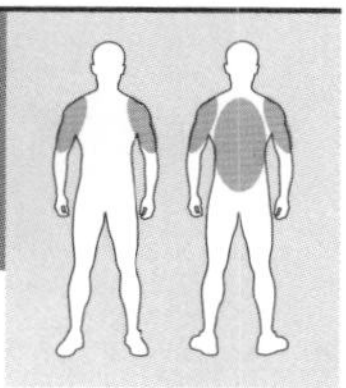

advice

머리와 어깨, 팔 뒷면, 발바닥이 바닥에 안정적으로 밀착한 상태에서 동작을 진행한다.

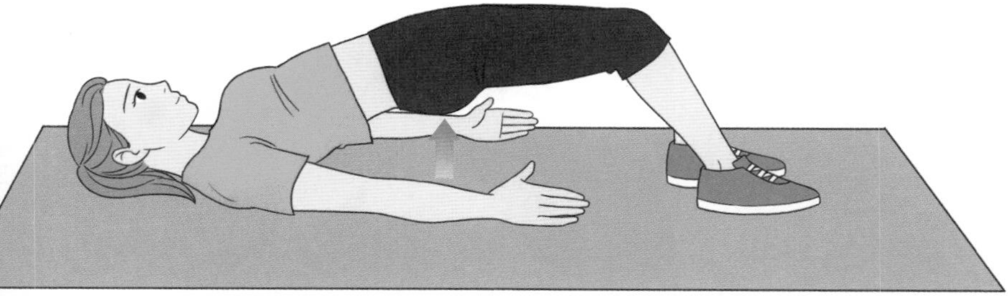

2 등과 허리를 위로 밀어 올리면서 골반을 들어 올린다. 3초간 자세를 유지했다가 골반을 바닥으로 내린다.

3 10회 반복한다.

바닥에 앉아 엉덩이 들기

1 바닥에 앉아 양쪽 무릎을 살짝 구부린다.

2 두 발은 골반 너비로 벌리고 두 손은 펴서 엉덩이 양옆 바닥을 짚는다.

운동 부위 : 광배근, 능형근, 중부 승모근, 상완이두근, 상완삼두근
운동 효과 : 팔 근육 유연성 향상, 어깨 안정화

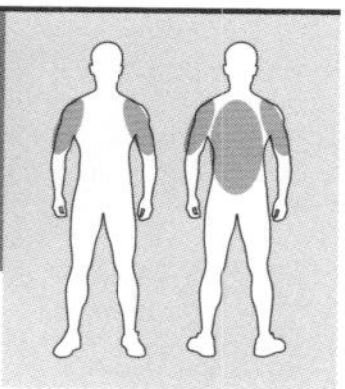

advice

어깨에 통증이 느껴지면 엉덩이 드는 높이를 조절한다. 통증이 느껴지지 않는 범위 내에서 진행한다.

3 두 팔과 다리로 지지하면서 엉덩이를 위로 들어 올렸다 내린다.

4 10회 반복한다.

근육 부자로 가는 세 번째 운동

팔꿈치 & 손목

팔에서 집중적으로 단련할 근육 1

팔꿈치 굴곡근

상완이두근, 상완근, 상완요골근의 3개 근육이 팔꿈치를 굽혔다 폈다 하는 움직임에 작용한다. 이중 상완이두근은 어깨관절과 팔꿈치관절을 지나는 다절근으로, 어깨뼈에서 아래팔까지 연결되어 있어 어깨와 팔꿈치관절의 동작, 아래팔의 외회전 등을 담당한다.

상완근은 위팔뼈 전면에 위치한 근육으로 팔꿈치관절을 굽히는 역할을 맡고 있다. 상완요골근은 팔꿈치를 지나는 근육 중 가장 긴 근육으로, 팔꿈치를 굽히고 아래팔의 회전 동작을 수행한다. 무거운 물건을 들거나 반복적으로 근육을 사용했을 때 통증이 유발되며, 근육 파열이나 타박상 등의 부상이 원인이 되기도 한다.

오랜 시간 나쁜 자세를 유지할 경우 과도한 스트레스가 가해지면서 근육 긴장을 초래할 수 있다. 이 근육들이 원활하게 작용하지 않으면 어깨 앞쪽 근육에 방사통이 나타나고 위쪽 어깨까지 통증이 확장된다. 팔꿈치 안쪽에도 통증이 나타나 물건을 집거나 주먹을 쥐는 동작이 어려워진다. 엄지를 사용할 때 쑤시는 듯한 느낌도 받게 된다.

팔에서 집중적으로 단련할 근육 2

손목 굴곡근

손목 굴곡근은 주로 손목과 손가락을 굽히는 작용을 담당한다. 척측수근굴근, 요측수근굴근, 장장근 등으로 구성되어 있다. 손목을 많이 굽힌 채 사용하거나 무거운 중량을 자주 들다 보면 팔꿈치 안쪽이나 바깥쪽에 염증이 발생할 수 있다. 팔꿈치 안쪽에 통증이 나타나면 골프엘보, 팔꿈치 바깥쪽이 아프면 테니스엘보다.

또한 장시간 컴퓨터를 사용해 근육에 무리가 가면 손목 앞쪽의 작은 통로인 수근관이 좁아지면서 여기를 통과하는 정중신경이 눌려 수근관증후군이 흔히 유발된다. 수근관증후군은 우리가 흔히 부르는 '손목터널증후군'의 정식 명칭으로, 키보드에 손만 올려놓아도 찌릿하고 저린 증상이 나타난다. 심할 경우 손의 감각이 떨어지기도 한다.

앞

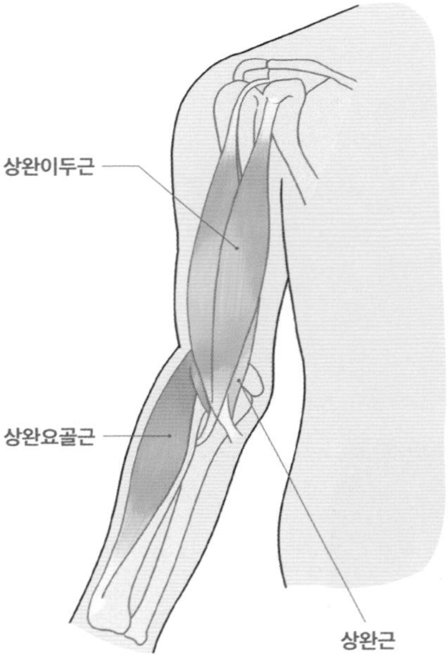

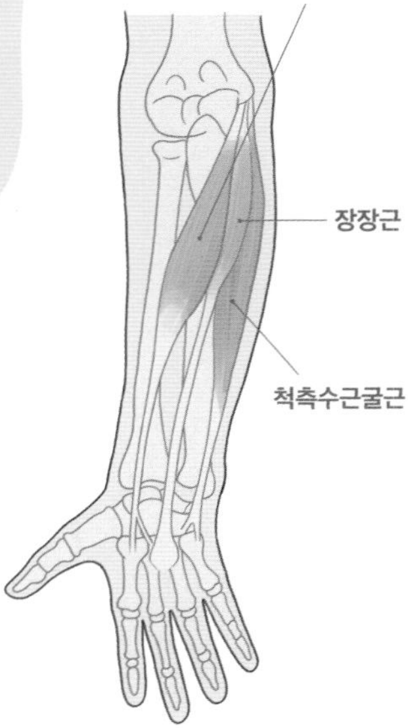

오른쪽 손바닥 면

양손에 물병 들고 팔꿈치 구부리기

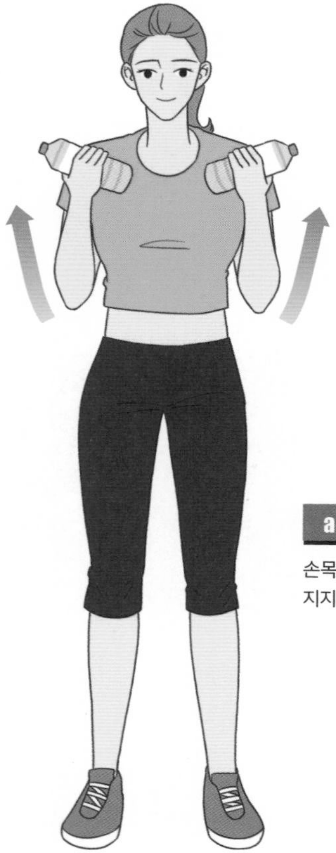

advice

손목과 팔꿈치, 어깨에 통증이 느껴지지 않는 무게로 진행한다.

1 바른 자세로 서서 두 발을 어깨너비로 벌린다. 양팔은 쭉 펴 손바닥이 정면을 향하게 한 뒤 양손에 500mL 생수병을 하나씩 쥔다.

2 팔꿈치를 구부려 양손을 몸쪽으로 들어 올린다. 이때 팔꿈치는 최대한 몸에서 떨어지지 않도록 옆구리에 가볍게 댄다.

3 10회 반복한다.

운동 부위 : 상완이두근, 상완근, 상완요골근
운동 효과 : 팔 근육 강화, 팔꿈치 경직 완화

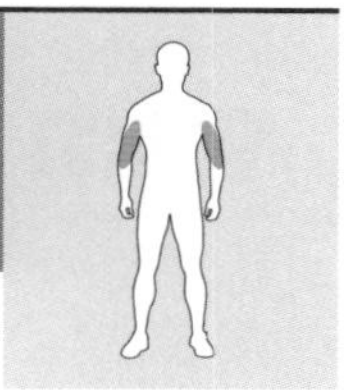

PLUS EXERCISE

손바닥 마주 보고 팔꿈치 구부리기

이번에는 바르게 서서 물병 쥔 양손을 몸통 쪽으로 향하게 한 뒤 팔꿈치를 구부려 양손을 몸쪽으로 들어 올린다. 팔꿈치가 몸통에서 떨어지지 않게 주의하며 10회 반복한다.

4 이번에는 바른 자세로 서서 물병 쥔 양손의 손등이 정면을 향하게 한다.

5 팔꿈치를 구부려 양손을 몸쪽으로 들어 올린다. 이때도 팔꿈치가 최대한 몸에서 떨어지지 않도록 주의한다.

6 10회 반복한다.

팔꿈치 양쪽 방향으로 돌리기

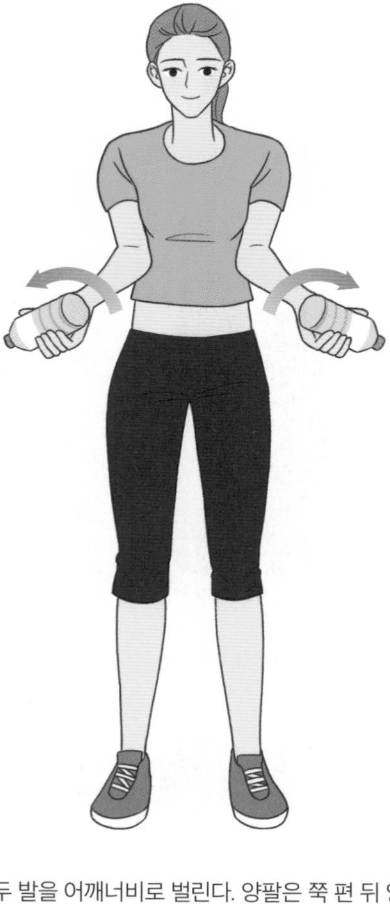

1 바른 자세로 서서 두 발을 어깨너비로 벌린다. 양팔은 쭉 편 뒤 양손에 500mL 생수병을 하나씩 쥔다.

2 양손이 몸 앞에 오도록 팔꿈치를 구부린 뒤 양팔을 동시에 바깥쪽으로 돌린다.

운동 부위 : 아래팔 엎침근과 뒤침근
운동 효과 : 팔 엎침근과 뒤침근 강화, 팔꿈치관절 회전 기능 회복

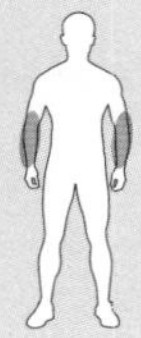

advice

팔꿈치를 빠르고 과도하게 회전하면 통증이 유발될 수 있으므로 천천히 진행한다.

3 이번에는 양팔을 동시에 안쪽으로 돌린다.

4 양쪽 방향으로 팔 돌리는 동작을 천천히 10회 반복한다.

손바닥 맞대고 서로 밀기

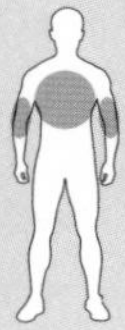

운동 부위 : 상완이두근, 상완근, 상완요골근, 대흉근, 소흉근
운동 효과 : 어깨와 팔꿈치관절 안정화, 팔뚝과 손목 근력 강화

advice

한쪽 방향으로 손이 이동하지 않도록 양손을 서로 동일한 힘으로 밀어야 한다.

1 바른 자세로 선 뒤 양손을 가슴 앞에서 모아 손바닥을 맞댄다.

2 양쪽 손바닥으로 서로 미는 동작을 10초간 유지하다 힘을 푼다.

3 10회 반복한다.

공 던져 잡기

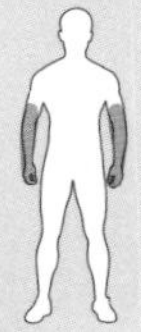

운동 부위 : 척측수근굴근, 요측수근굴근, 장장근
운동 효과 : 아래팔과 손가락 근력 강화, 손 고유수용성 감각 향상

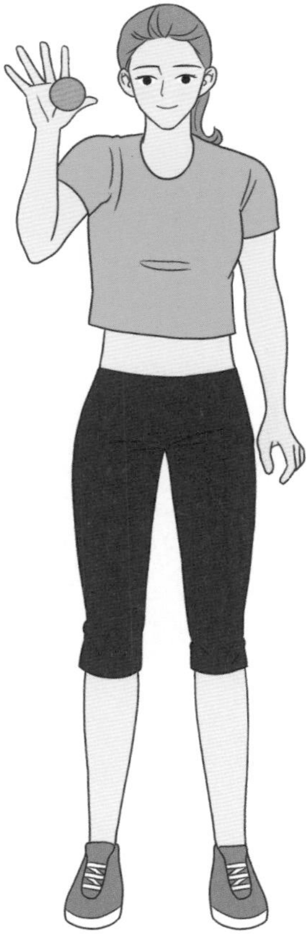

advice

공을 놓치지 않도록 잘 주시한다. 손목에 통증이 있다면 가벼운 무게의 공부터 시작한다.

1 바른 자세로 서서 두 발을 어깨너비로 벌리고 양팔은 쭉 편다. 오른손에 작은 공을 가볍게 쥔다.

2 공을 위로 들어 올려 살짝 앞쪽으로 던졌다 잡는다.

3 10회 반복한 뒤 반대쪽도 같은 방법으로 실시한다.

근육 부자로 가는 네 번째 운동

복부

복부에서 집중적으로 단련할 근육 1

복부 굴곡근

복근은 복부 주위에 벽을 이루듯 자리를 잡고 있다. 복부의 중심(배꼽)에서 좌우 수직으로 대칭 발달한 4쌍의 덩어리 모양의 근육이 바로 복직근이다. 이 근육이 수축함으로써 척추를 구부리는 동작이 가능하다. 복직근 양옆으로 가장자리에 외복사근과 내복사근이 비스듬하게 자리하고 있다. 복직근 안쪽으로는 깊숙이 복횡근이 위치해 있다. 복횡근막이 복직근의 근막과 연결되며 동시에 횡격막과 장골, 골반의 골반기저근 근막과도 연결되어 있다.

복근이 약해지면 허리에 통증이 생기고, 골반 전방경사(골반이 과도하게 앞으로 나오면서 엉덩이가 뒤로 쭉 빠지고 허리가 꺾이며 배가 볼록하게 나오는 현상)가 나타나 연쇄적으로 다양한 문제를 일으킨다. 골반 전방경사는 골반이 정상보다 과도하게 앞으로 나온 자세로, 오래 지속될 경우 아랫배가 나오고 위로 끌어올리는 힘이 약해져 요추에 전만 자세가 나타난다. 이로 인해 허리 통증이 가중되는 악순환에 빠지기 쉽다.

복부에서 집중적으로 단련할 근육 2

몸통 안정화 근육

복근과 몸통 근육은 몸통 하부의 안정성을 유지하는 데 매우 중요한 역할을 한다. 여기에는 복직근, 외복사근, 내복사근, 횡경추근 등의 복근과 허리, 고관절 등이 포함된다. 이 근육들은 중력의 작용으로 인해 무너지는 인체를 바로 세워 균형을 잡는다. 또 자세를 바로 잡고 움직임을 제어한다. 마치 코르셋처럼 몸을 탄탄하게 감싸고 척추를 안정화시키는 기능 덕에 허리와 고관절에 발생하는 부상을 줄일 수 있다. 몸통 안정화 근육의 힘은 허리나 고관절 외에 팔다리 전체의 움직임에도 기초 동력으로 작용한다.

앞

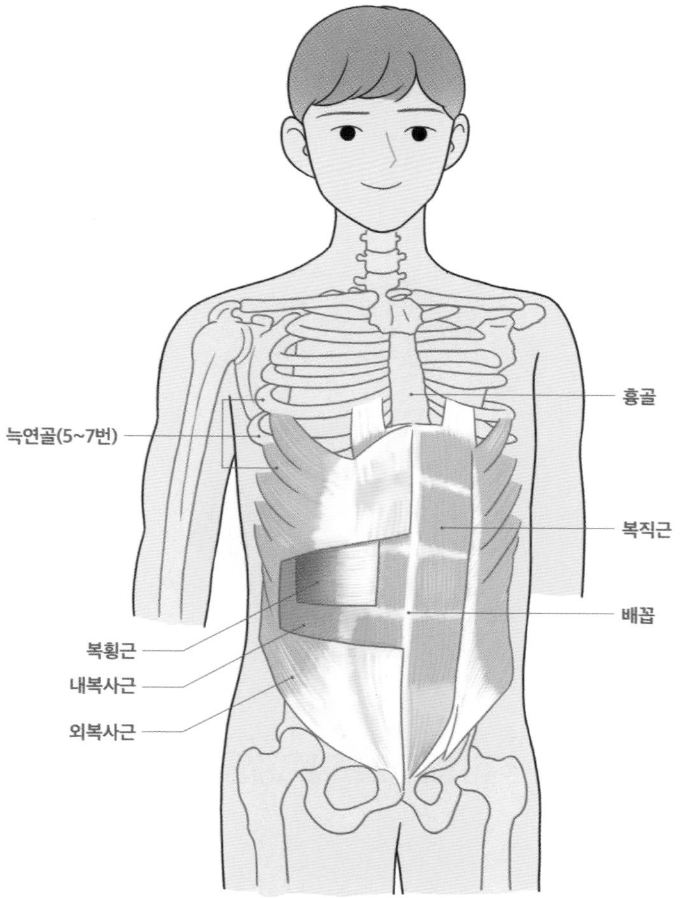

누워서 팔 뻗고 날개뼈 띄우기

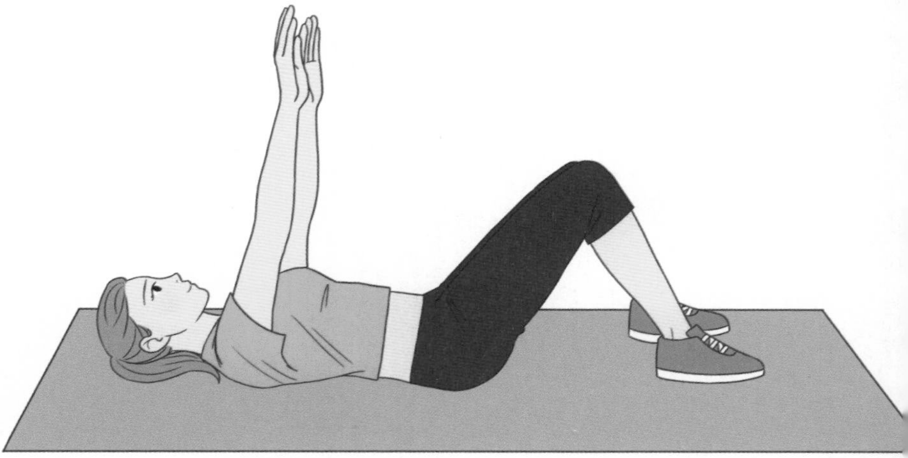

1 바닥에 등을 대고 누운 상태에서 양쪽 무릎을 굽힌다.

2 양팔을 위로 곧게 쭉 뻗는다.

운동 부위 : 복직근, 내·외 복사근, 복횡근, 능형근
운동 효과 : 복부 근육 강화, 날개뼈 기능 활성화

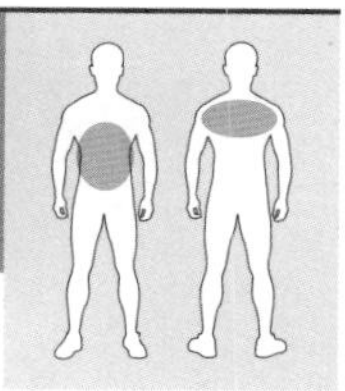

advice

반드시 호흡과 함께 진행하며 상체를 들어 올릴 때 깊게 내쉰다.

PLUS EXERCISE

누워서 날개뼈 띄워 버티기

날개뼈를 띄운 상태에서 3~4초간 버티면 복부 근육을 더 강화시킬 수 있다. 바닥에 누운 상태에서 양쪽 무릎을 굽히고 양팔을 위로 곧게 뻗는다. 상체를 들어 올려 날개뼈를 바닥에서 띄운 상태에서 3~4초간 버틴다. 이때 버티는 동안 숨을 여러 번 들이마셨다가 내쉬며 복부에 집중한다. 10회 반복한다.

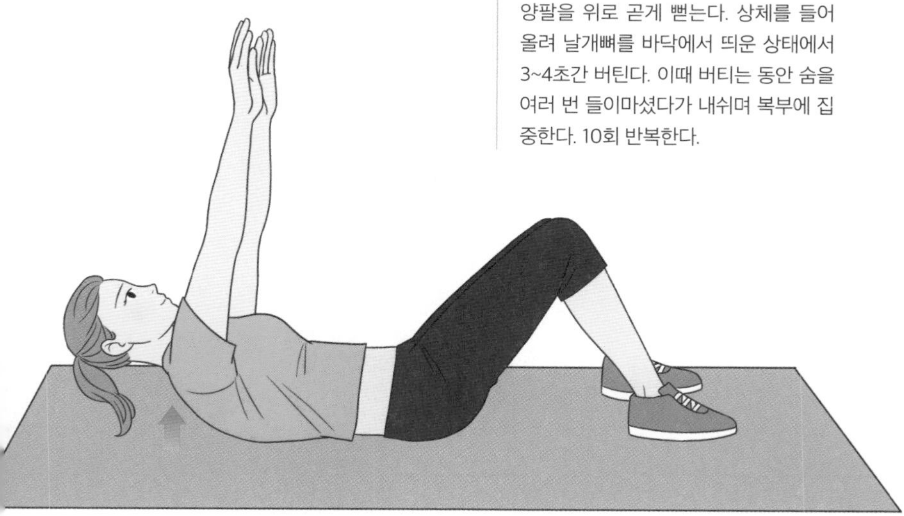

3 양팔을 뻗은 채 숨을 깊게 내쉬면서 날개뼈가 바닥에서 떨어지도록 상체를 들어 올린다.

4 숨을 들이마시며 상체를 바닥에 내려놓는다. 10회 반복한다.

네발 자세에서 무릎 들고 버티기

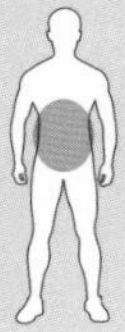

운동 부위 : 복직근, 내·외 복사근, 복횡근
운동 효과 : 몸통 안정화, 코어 근육 강화

advice

허리나 어깨에 통증이 느껴지면 동작의 범위를
좁게 하거나 버티는 시간을 줄인다.

1 양손과 양 무릎을 바닥에 대고 네발 자세를 취한 뒤 양 무릎을 어깨너비로 벌린다.

2 오른쪽 무릎을 살짝 들어 올려 6~7초간 버틴다. 무릎을 내린 후 반대쪽도 같은 방법으로 실시한다.

3 양쪽 번갈아 가며 10회 반복한다.

엎드려서 한 발 들고 버티기

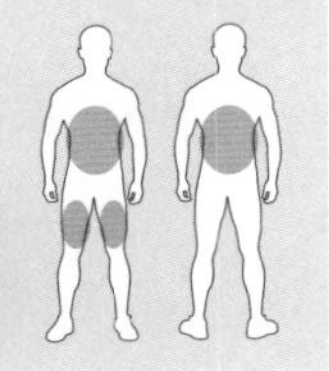

운동 부위 : 복직근, 내·외복사근, 횡경추근, 대퇴사두근
운동 효과 : 몸통 안정화, 대퇴사두근 기능 강화

advice

허리나 어깨에 통증이 있다면 주의한다.
특히 허리가 꺾이지 않도록 신경 쓴다.

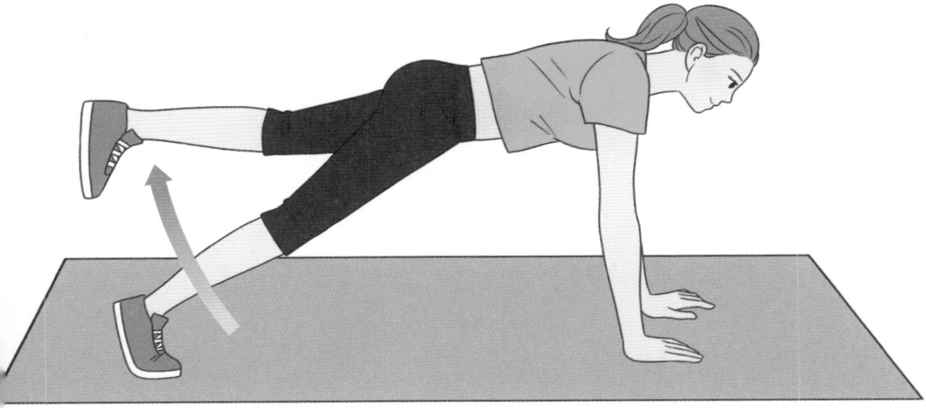

1 양손과 양발을 바닥에 대고 엎드린다. 이때 양손과 양발은 어깨너비로 벌린다.

2 두 팔을 쭉 펴 상체를 일으킨 상태에서 왼쪽 다리를 그대로 위로 들어 올려 10초간 버틴다. 이때 자세가 흔들리지 않도록 유의한다.

3 반대편 다리도 같은 방법으로 실시한다.

벽에 등 대고 앉은 자세로 버티기

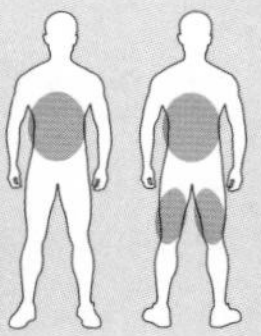

운동 부위 : 복직근, 내·외복사근, 횡경추근, 햄스트링
운동 효과 : 몸통 안정화, 복근 강화, 햄스트링 강화

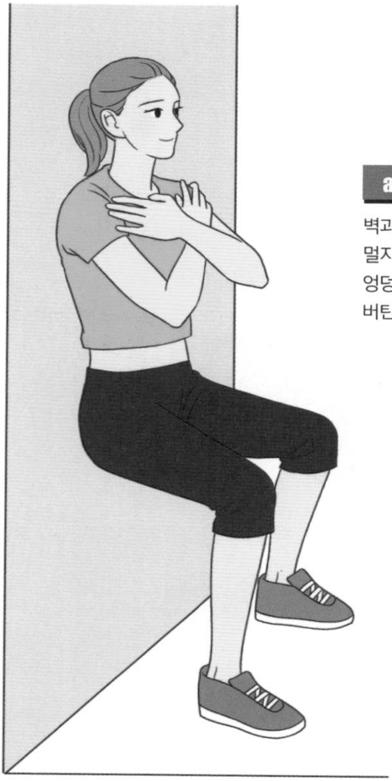

advice

벽과 발 사이의 거리가 너무 좁거나 멀지 않도록 신경 쓴다. 머리와 등, 엉덩이가 모두 벽에 붙은 상태에서 버틴다.

1 투명 의자에 앉은 듯한 느낌으로 벽에 등을 대고 기마자세를 잡는다. 이때 두 다리는 어깨너비로 벌리고 양손은 가슴 앞에서 교차해 어깨 위에 가볍게 얹는다.

2 자세가 무너지지 않도록 코어와 허벅지에 힘을 주며 10초간 버틴다.

3 휴식을 취한 뒤 10회 반복한다.

곰처럼 바닥 기어가기

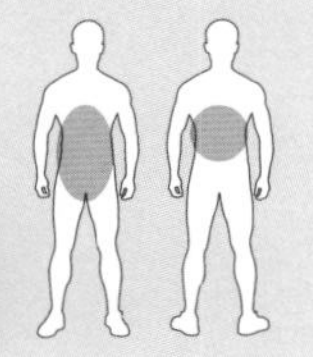

운동 부위 : 복직근, 내·외복사근, 횡경추근
운동 효과 : 몸통 안정화, 코어 근육 강화, 고관절 유연성 향상

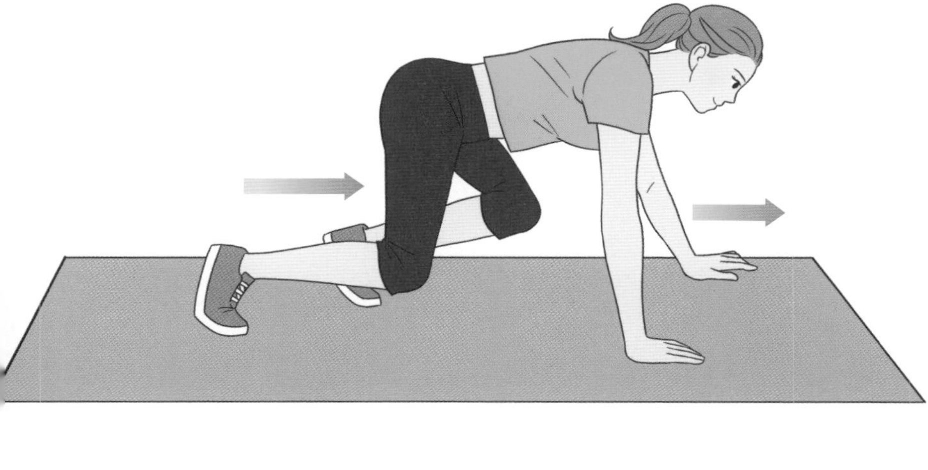

1 곰이 되었다고 상상하며 바닥에 엎드려 기는 자세를 취한다. 이때 무릎이 바닥에 닿지 않게 해야 하는데, 발뒤꿈치를 들면 균형을 잡기 쉽다.

2 곰이 움직이듯 천천히 앞으로 기어간다. 네발로 가는 동물처럼 팔과 다리가 리듬감 있게 움직이도록 한다.

3 1분간 지속한다.

근육 부자로 가는 다섯 번째 운동

등 & 허리

등과 허리에서 집중적으로 단련할 근육 1

등 표면 근육과 심부 근육

등 근육은 3겹의 층으로 이루어져 있다. 우리가 근력을 키우기 위해 단련하는 승모근, 광배근, 견갑거근, 능형근 등은 표면 근육에 속한다. 이 근육들은 어깨의 움직임과 관련이 있으며 다른 근육이나 조직에 둘러싸여 있지 않아 손으로도 쉽게 만져진다.

승모근은 어깨뼈를 뒤로 모으거나 올리고 내리는 등의 움직임에 관여한다. '활배근'으로도 불리는 광배근은 위팔뼈를 펴고 모으며 안쪽으로 돌리는 역할을 한다. 견갑거근은 말 그대로 어깨뼈를 올리는 근육이며, 능형근은 어깨뼈를 모으거나 올리는 기능을 한다.

표면 근육 안쪽에 위치한 중간 근육은 흉곽의 움직임과 관련이 있으며, 가장 깊은 곳에 자리한 심부 근육은 척추의 움직임에 관여한다. 이 근육들은 몸의 깊숙한 부분에 위치하며 주로 다른 근육이나 조직에 둘러싸여 있어 손으로 만질 수 없다.

최근에는 몸 뒷면에 있는 근육의 중요성이 부각되고 있지만, 등 근육은 평소에 사용하지 않는 근육이기 때문에 약해지기 쉽다. 등 근육이 약해지면서 가장 많이 나타나는 증상은 라운드 숄더다. 뿐 아니라 자세와 균형이 나빠지면서 체형이 무너지고 척추에 가해지는 부담이 커지면서 허리와 어깨 통증이 야기될 수 있다.

등과 허리에서 집중적으로 단련할 근육 2

허리 신전근과 굴곡근

허리를 앞뒤로 굽혔다가 펴고 좌우로 회전하는 데 핵심 역할을 하는 근육은 척추기립근, 요방형근, 중둔근, 장요근 등이다. 힘을 쓸 때는 척추기립근이 작용하는데, 심부 근육은 안정성을 담당하고 표면 척추기립근은 운동성에 기여한다. 오랫동안 자세를 유지할 때는 다열근이 작용한다.

엉덩이 근육 중 하나인 중둔근은 상체와 하체를 연결하는 코어 근육으로, 다리를 움직일 때 고관절에서 체중을 지탱하는 중요한 역할을 한다. 중둔근이 약해지면 허리는 물론 고관절, 무릎, 발목까지 악영향을 끼친다. 특히 한쪽 중둔근이 약해지면 반대쪽 골반이 아래로 처지는 결과를 초래할 수 있다.

허리에 통증이 생기면 원인으로 의심해봐야 할 근육은 바로 요방형근과 장요근이다. 요방형근은 척추와 골반을 연결하는 근육으로 몸의 균형을 잡는 역할을 한다. 다리를 꼬고 앉거나 한쪽으로 치우치게 앉는 습관이 있는 경우 요방형근의 양쪽 긴장도에 차이가 생겨 허리에 통증이 발생할 수 있다. 허리와 골반을 연결하는 장요근은 오래 앉아 있으면 수축하면서 짧아지고 약해진다. 그러면 허리뼈를 앞쪽으로 과도하게 끌어당겨 허리에 통증을 만들어낸다.

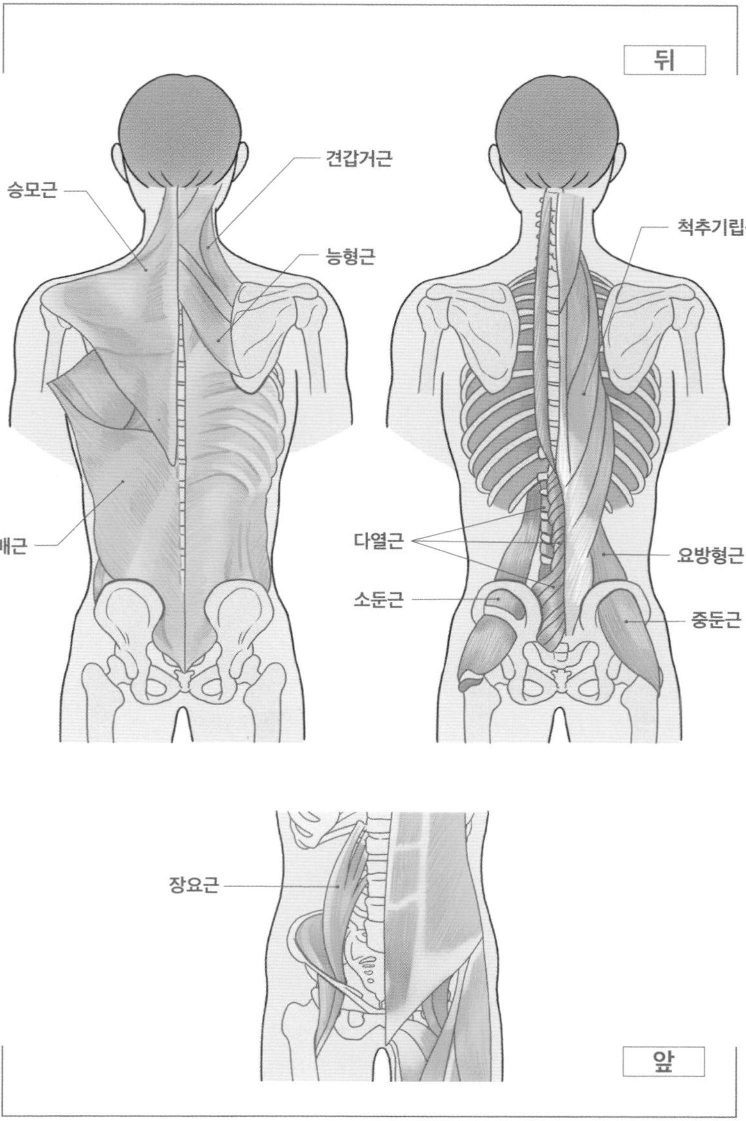
뒤
견갑거근
승모근
척추기립근
능형근
광배근
다열근
요방형근
소둔근
중둔근
장요근
앞

바닥에 엎드려 상체 들었다 내리기

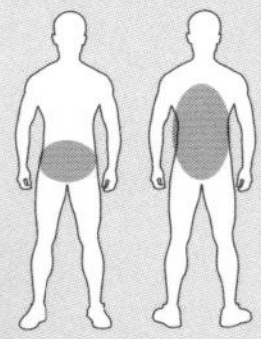

운동 부위 : 광배근, 척추기립근, 요방형근, 장요근
운동 효과 : 등과 허리 근육 강화, 골반 주변 근육 기능 회복

advice

상체를 들어 올릴 때 목과 허리가 과도하게 꺾이지 않도록 주의한다.

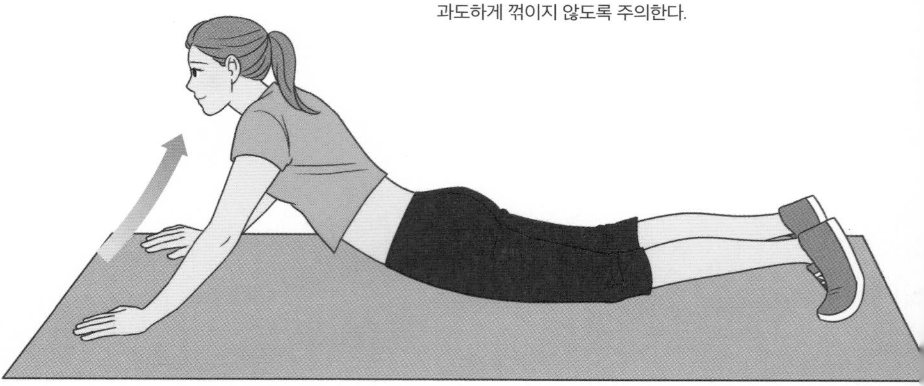

1 바닥에 배를 대고 엎드린다. 양팔은 팔꿈치를 접어 손바닥으로 어깨 앞쪽 바닥을 짚는다. 두 다리는 어깨너비로 벌린 후 발끝으로 바닥을 딛는다.

2 양팔과 등허리의 힘으로 상체를 들어 올렸다 내린다. 호흡은 상체를 들어 올릴 때 숨을 들이마시고 상체를 내릴 때 숨을 내쉰다.

3 연결 동작으로 10회 반복한다.

바닥에 엎드려
상체 들고 팔꿈치 당기기

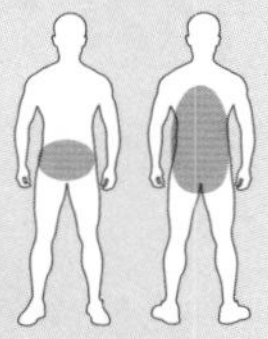

운동 부위 : 광배근, 척추기립근, 요방형근, 장요근, 중둔근

운동 효과 : 등 근육 강화 및 긴장 해소, 허리 근육 유연성 증대

advice

양 팔꿈치를 등 쪽으로 잡아당길 때 코어와 발끝의 힘으로 몸이 흔들리지 않게 버틴다.

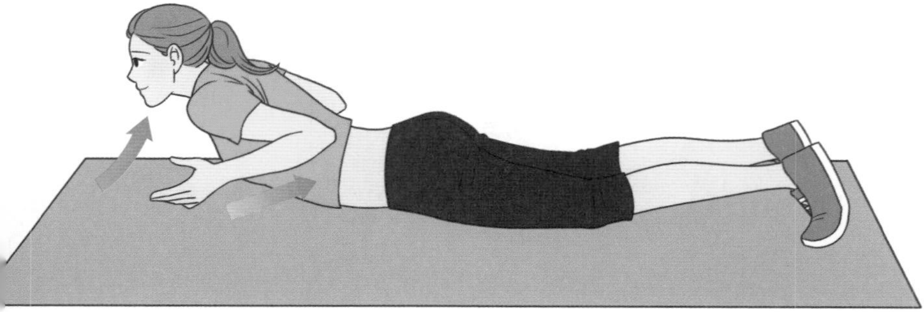

1 바닥에 배를 대고 엎드린다. 양쪽 팔꿈치를 구부려 손바닥이 천장을 향하게 한 채 머리 옆에 놓는다. 두 다리는 어깨너비로 벌린 후 발끝으로 바닥을 딛는다.

2 등허리의 힘으로 상체를 들어 올리는 동시에 양 팔꿈치를 등 쪽으로 당겨 5초간 버틴다.

3 연결 동작으로 10회 반복한다.

네발 자세에서 등 둥글게 말고 버티기

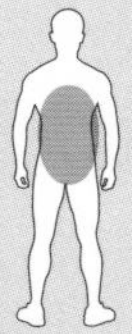

운동 부위 : 광배근, 능형근, 척추기립근, 다열근, 요방형근

운동 효과 : 등과 허리의 유연성 향상, 코어 근육 강화, 굽은 등 교정

advice

손바닥과 정강이를 바닥으로 밀어
등을 최대한 둥글게 만든다.

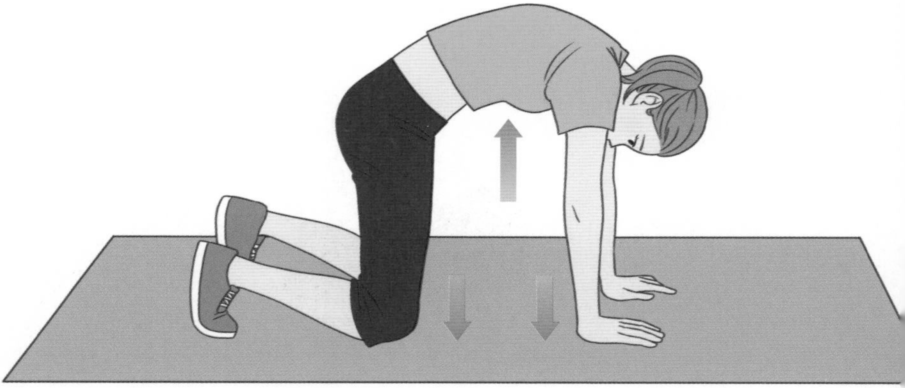

1 양손과 양 무릎을 바닥에 대고 네발 자세를 취한다.

2 등을 위로 둥글게 말아 올린 상태에서 5초간 버틴다.

3 10회 반복한다.

네발 자세에서 상체 내렸다 올라오기

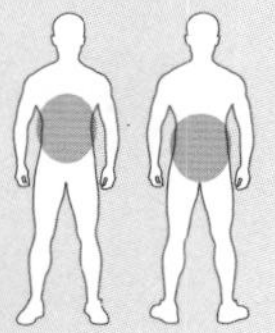

운동 부위 : 복직근, 내·외 복사근, 복횡근, 광배근
운동 효과 : 몸통 안정화 및 근육 강화

advice

상체를 숙일 때 허리가 과도하게 꺾이지 않도록 주의한다.

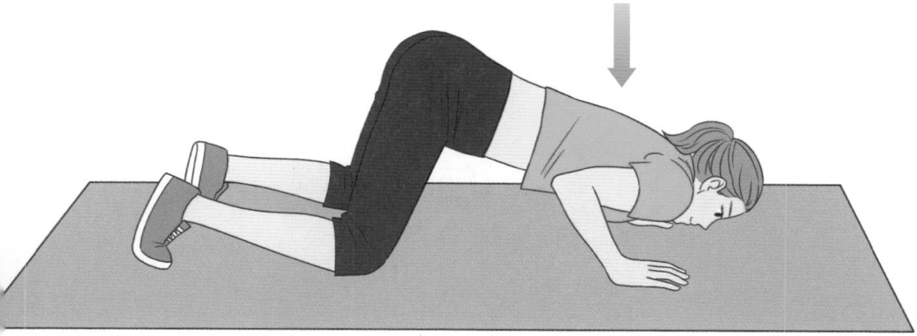

1 양손과 양 무릎을 바닥에 대고 네발 자세를 취한다.

2 양팔을 굽히며 상체를 아래로 내렸다가 올라온다. 이때 허리가 꺾이지 않도록 무릎을 고정하고 등과 허리는 일자를 유지한다는 느낌으로 진행한다.

3 10회 반복한다.

팔다리 사선으로 들었다가 터치하기

1 양손과 양 무릎을 바닥에 대고 네발 자세를 취한다.

2 왼팔과 오른쪽 다리를 들어 일자로 쭉 뻗는다.

운동 부위 : 복직근, 내·외 복사근, 복횡근, 척추기립근, 장요근
운동 효과 : 몸통 안정화, 척추기립근 활성화, 장요근 이완

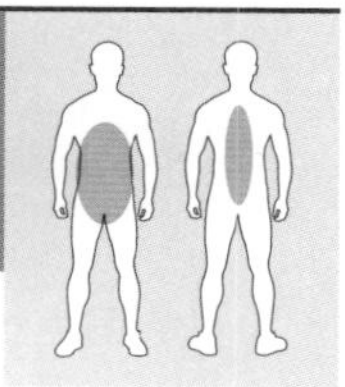

advice

허리가 과도하게 꺾이지 않도록 신경 쓰며, 최대한 몸통이 흔들리지 않도록 복부와 등에 힘을 준다.

3 그 상태에서 오른쪽 무릎을 몸쪽으로 당겨 왼손으로 터치한다.

4 5회 반복한 후 반대쪽도 같은 방법으로 실시한다.

서서 등 활처럼 굽혔다 펴기

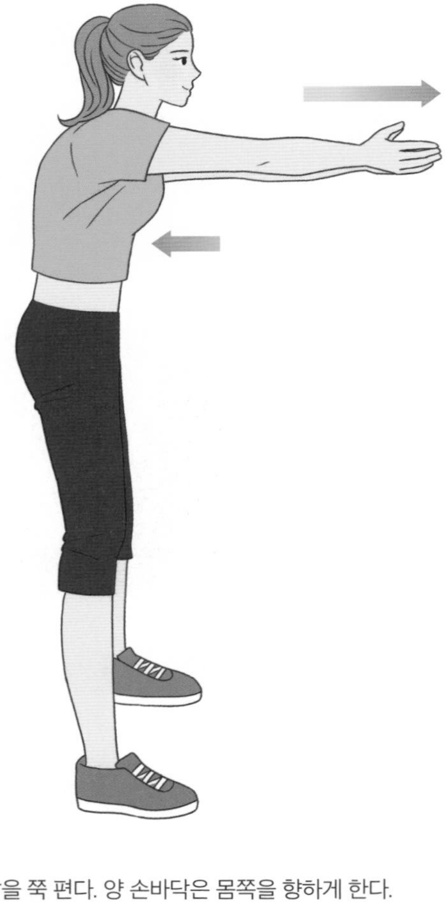

1 바른 자세로 서서 양팔을 쭉 편다. 양 손바닥은 몸쪽을 향하게 한다.

2 양팔을 어깨 높이까지 앞으로 들어 올린 상태에서 등을 활처럼 동그랗게 굽힌다. 이때 양팔을 최대한 앞으로 쭉 밀고 가슴을 뒤로 밀면 등을 더 둥글게 말 수 있다.

운동 부위 : 승모근, 광배근, 능형근, 척추기립근, 요방형근
운동 효과 : 등과 허리의 유연성 향상, 견갑골 원위치로 되돌리기

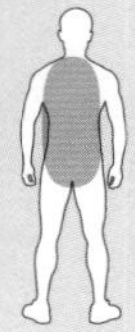

advice

척추 중심선을 떠올리며 척추를
부드럽게 구부렸다 편다.

3 양쪽 팔꿈치를 뒤로 강하게 당기면서 견갑골이 서로 맞닿는 느낌으로 가슴을 쭉 편다.

4 등을 굽혔다가 가슴을 펴는 동작을 10회 반복한다.

근육 부자로 가는 여섯 번째 운동

엉덩이 & 허벅지

엉덩이와 허벅지에서 집중적으로 단련할 근육 1

고관절 굴곡근

고관절 굴곡근은 고관절을 굽히거나 펴는 일에 관여하는 근육이다. 장요근, 치골근, 봉공근, 내전근, 대퇴직근 등이 여기에 해당된다. 그중 장요근과 대퇴직근의 영향력이 가장 크다. 이 근육들은 허리뼈를 직접 늘여서 펼칠 뿐 아니라 골반의 전방경사를 유발해 허리가 과신전되게 만든다. 허리가 과도하게 펴지면 척추를 위아래로 누르는 압박이 커져 허리 디스크가 생길 수 있으며, 심할 경우 척추 주변까지 통증에 시달리게 된다. 특히 장요근이 짧아지고 경직되면 고관절의 유연성이 떨어지면서 골반뿐 아니라 허리, 허벅지 등에 연쇄적으로 문제가 발생할 수 있다. 서고 걷고 뛰는 등 거의 모든 움직임에서도 불편을 겪게 된다.

엉덩이와 허벅지에서 집중적으로 단련할 근육 2

고관절 외전근

엉덩이 부근에 위치하는 근육들로 중둔근, 소둔근, 대퇴근장막근 등이 해당된다. 허벅지를 몸의 중심으로 잡아당기고 밖으로 벌어지지 않도록 버티면서 몸의 올바른 자세와 균형을 잡아준다. 걷기나 달리기 같은 활동을 할 때 골반의 안정성을 유지하는 역할도 한다. 고관절 외전근이 약해지면 걸을 때 약해진 관절의 반대쪽 골반이 아래로 처지는 현상이 일어난다. 그러면 상체가 반대쪽으로 기우는 보상작용이 일어나 척추측만증(척추를 정면에서 봤을 때 비정상적으로 옆으로 굽은 상태)의 발생 가능성이 커진다.

엉덩이와 허벅지에서 집중적으로 단련할 근육 3

고관절 신전근

고관절 신전근은 대둔근과 슬굴곡근(햄스트링)으로 이루어져 있다. 대둔근은 엉덩이 부위에 위치한 가장 큰 근육이다. 엉덩이 형태를 결정하고 골반을 기립자세로 유지하며 다리를 뒤로 밀어내는 역할을 한다. 걷거나 달리는 동작을 수행할 때도 중요하다. 대둔근이 약해지면 엉덩이의 형태가 무너지면서 일상생활에서 기능성과 운동성능이 저하된다. 특히 햄스트링의 과사용을 일으켜 근육 불균형이 지속해서 나타난다. 뿐만 아니라 대둔근은 천장관절(골반에서 엉치뼈와 엉덩이뼈가 만나는 부위)과 고관절의 움직임에 영향을 주기 때문에 이상이 생기면 골반과 고관절 문제로 진행될 수 있다.

고관절 굴곡근이 단축되거나 복근이 약해지면 고관절 신전근에도 문제가 생긴다. 고관절 신전근이 약해지기 시작하면 골반이 과하게 앞으로 나오고 엉덩이가 뒤로 빠져 오리 엉덩이처럼 되는 골반 전방 경사가 나타난다.

엉덩이와 허벅지에서 집중적으로 단련할 근육 4

슬관절 굴곡근

무릎을 구부릴 때 작용하는 슬관절 굴곡근은 햄스트링(대퇴이두근, 반건양근, 반막양근)과 비복근, 박근, 슬와근, 족척근을 포함한다. 슬관절 굴곡근은 운동 부족보다 과도한 신장 때문에 발생하는 경우가 많다. 허리가 앞으로 밀리면서 과도하게 펴지는 무릎은 슬관절 굴곡근이 길게 늘어졌음(신장)을 나타내고, 평편 등과 굽은 등 자세는 슬관절 굴곤근이 짧아졌음을 의미한다.

슬관절 굴곡근을 강화하려면 고관절을 굽힌 상태에서 무릎의 굴곡에 저항을 가하거나 엎드린 자세에서 고관절을 편 상태로 무릎을 굽히는 동작을 자주 하면 좋다. 근육을 과도하게 늘여서 펴는 자세나 움직임은 피해야 한다. 슬관절 굴곡근이 팽팽해지면 정확한 진단을 받기 전까지 스트레칭을 하지 않는 것이 좋다.

엉덩이와 허벅지에서 집중적으로 단련할 근육 5

슬관절 신전근

무릎을 펼 때는 대퇴사두근, 대퇴근막장근, 대둔근이 작용한다. 그중 대퇴사두근은 서 있을 때 몸의 무게를 지탱해주고 무릎에서 받는 충격을 흡수하는 역할을 한다. 고관절의 굴곡과 무릎관절의 신전을 비롯한 무릎의 움직임 전반에 관여한다.

대퇴근막장근은 보행 시 무릎관절의 안정성을 도모하고 고관절의 굴곡, 외전, 내회전 등을 지원한다. 또한 무릎관절을 펴는 데 중요한 기능을 담당한다. 장요근이나 중둔근이 약해지면 보상작용으로 과활성화되는데, 결과적으로 무릎 외측을 당겨 O자 다리가 될 수 있다. 슬관절 신전근이 경직될 경우 마사지 볼이나 폼롤러를 활용해 긴장을 풀어주면 도움이 된다.

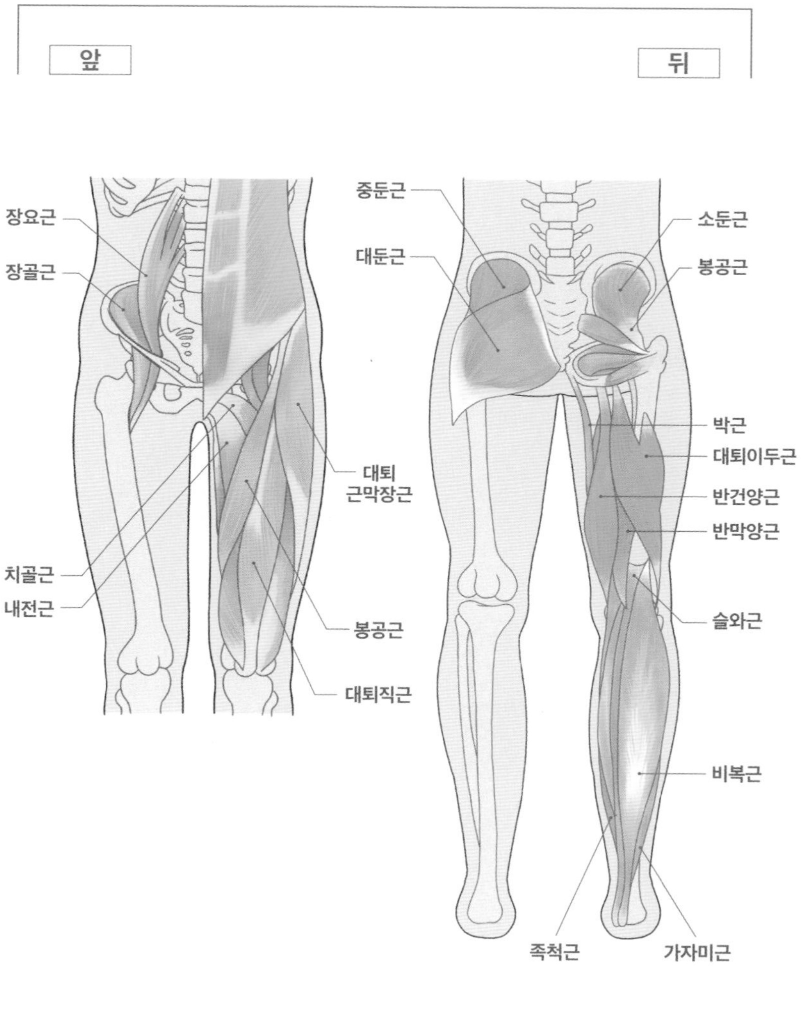
앞
뒤
장요근
장골근
치골근
내전근
대퇴
근막장근
봉공근
대퇴직근
중둔근
대둔근
소둔근
봉공근
박근
대퇴이두근
반건양근
반막양근
슬와근
비복근
족척근
가자미근

누워서 다리 들어 올리기

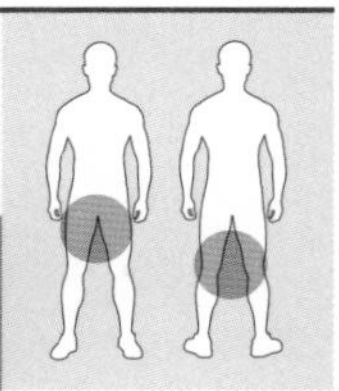

운동 부위 : 장요근, 대퇴근막장근, 내전근, 대퇴직근

운동 효과 : 고관절 근육과 허벅지 근육 강화, 무릎 주변 근육 유연성 향상

advice

척추 정렬을 바르게 한 뒤 동작을 실시한다. 몸통과 지지하는 다리가 바닥에서 뜨지 않도록 신경 쓴다.

1 바닥에 등을 대고 반듯하게 눕는다. 양팔은 쭉 펴서 몸 옆에 자연스럽게 놓는다.

2 오른쪽 다리를 수직으로 쭉 들어 올렸다가 내린다.

3 10회 반복한 뒤 반대편도 같은 방법으로 실시한다.

옆으로 누워서 다리 들어 올리기

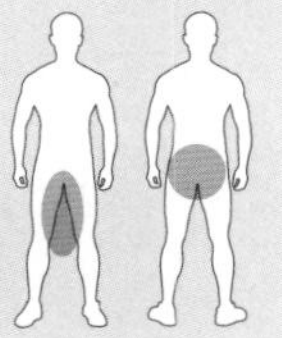

운동 부위 : 중둔근, 소둔근, 내전근
운동 효과 : 엉덩이 주변 근육 강화, 내전근 유연성 향상

advice

다리를 들 때 몸이 뒤로 넘어가지 않도록 몸의 중심을 잘 잡는다.

1 옆으로 누운 뒤 오른팔을 쭉 뻗어 머리를 받친다. 왼팔은 자연스럽게 구부려 손바닥으로 가슴 앞쪽 바닥을 짚는다.

2 왼쪽 다리를 수직으로 쭉 들어 올렸다가 내린다.

3 10회 반복한 뒤 반대편도 같은 방법으로 실시한다.

엎드려 팔과 다리 동시에 들기

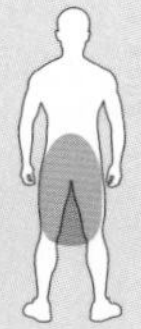

운동 부위 : 대둔근, 햄스트링

운동 효과 : 엉덩이와 허벅지 뒤쪽 근육 강화, 척추 커브 회복

1 바닥에 배를 대고 엎드린 후 양팔과 두 다리를 쭉 뻗는다. 양팔은 어깨너비로, 두 다리는 골반 너비로 벌린다.

2 숨을 깊게 들이마시면서 양팔과 두 다리를 동시에 위로 들어 올렸다 내린다.

3 10회 반복한다.

네발 자세에서 다리 위로 들어차기

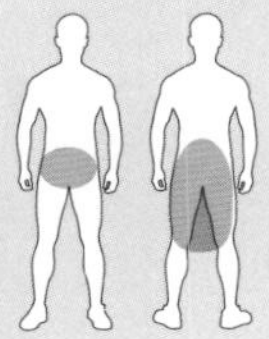

운동 부위 : 대둔근, 햄스트링, 장요근

운동 효과 : 엉덩이와 허벅지 뒤쪽 근육 강화, 고관절 유연성 향상

advice

다리를 올려 찰 때 몸통이 흔들리지 않게 상체에 힘을 주고, 허리가 과하게 꺾이지 않도록 주의한다.

1 양손과 양 무릎을 바닥에 대고 네발 자세를 취한다. 무릎을 구부린 상태를 유지하며 오른쪽 다리를 위로 들어 올린다.

2 올린 오른쪽 다리를 위로 쭉 밀어 찬다. 빠르게 10회 반복한다.

3 반대쪽도 같은 방법으로 실시한다.

누워서 한쪽 다리 들고 골반 들어 올리기

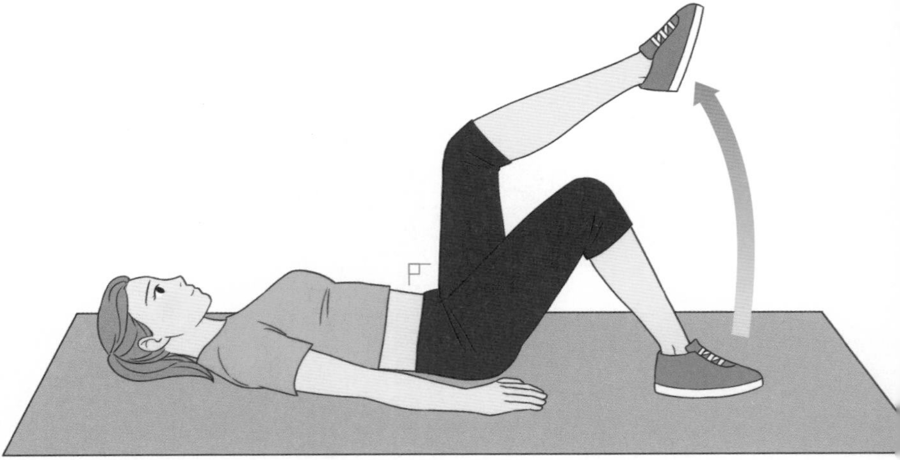

1 바닥에 등을 대고 누운 상태에서 양쪽 무릎을 굽힌다. 양팔은 쭉 뻗어 손바닥으로 바닥을 짚는다.

2 몸통과 수직이 되도록 왼쪽 다리를 위로 들어 올린다.

운동 부위 : 햄스트링, 박근, 슬와근, 족척근
운동 효과 : 허벅지 뒤쪽 근육과 종아리 근육 강화, 엉덩이 근육 활성화

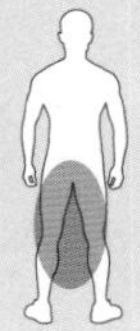

advice

골반이 한쪽으로 기울어지거나 몸통이
심하게 흔들리지 않도록 주의한다.

3 왼쪽 다리를 들어 올린 상태에서 코어의 힘을 이용해 천천히 골반을 들어 올린다. 이때 오른발 뒤꿈치와 어깨, 손바닥으로 바닥을 지탱한다.

4 10초간 자세를 유지한 뒤 발을 바꿔 같은 방법으로 실시한다.

근육 부자로 가는 일곱 번째 운동

종아리

종아리에서 집중적으로 단련할 근육 1

비복근

종아리 근육 중 가장 큰 근육으로 바깥쪽이 외측 비복근, 안쪽이 내측 비복근이다. 무릎을 굽히거나 발목을 접으면서 발을 뒤로 들어 올릴 때 작동한다. 점프하거나 빠르게 달릴 때 주로 사용되며, 협응력과 균형이 필요한 활동에 중요한 역할을 한다. 비복근은 무릎관절을 안정화하는 기능을 하기 때문에 약해지면 서 있을 때 무릎이 과신전되는 경향이 나타난다.

종아리에서 집중적으로 단련할 근육 2

가자미근

비복근 아래층에 위치해 있으며, 무릎 후면 바로 아래에서 발뒤꿈치까지 이어진다. 서 있거나 걷거나 뛸 때 일하는 근육이다. 비복근만큼 강력하진 않지만, 지속적인 활동을 할 때 지구력을 제공하고 걷거나 서 있을 때 안정성을 유지해준다. 무릎을 굽히지 않고 발목만 움직일 때 주로 사용된다. 가자미근이 약하면 발목관절에 배측굴곡(발이나 발가락이 발등 쪽으로 들어 올려지는 현상)이 나타날 수 있다. 또 서 있을 때 발목이 올라가 몸이 전체적으로 앞으로 기울게 된다.

종아리에서 집중적으로 단련할 근육 3

발 내재근

발바닥에 있는 근육으로 발아치를 만드는 역할을 하며 서기, 걷기, 달리기 등의 움직임에 긴밀하게 관여한다. 발목을 여러 방향으로 움직이거나 발가락을 구부렸다 폈다 하는 운동도 주관한다. 발 내재근이 약해지면 발아치가 낮아져 발볼이 넓어지거나 발바닥이 얇아진다. 그러면 족저근막염, 무지외반증, 평발 등의 문제가 발생할 수 있다.

종아리에서 집중적으로 단련할 근육 4

내전근

허벅지 안쪽에 위치한 치골근, 단내전근, 장내전근, 대내전근, 박근을 합쳐 내전근이라고 한다. 다리를 모으고 골반을 안정시키는 역할을 한다. 뛰거나 옆으로 이동하는 동작을 할 때도 기능한다. 다리를 꼬고 앉는 자세가 습관화되면 과하게 단축되거나 굳어지기 쉽다. 그렇게 내전근이 약해지면 의자에 앉았을 때 다리가 벌어지고, 무릎이나 고관절에 통증이 생길 수 있으며 허벅지 안쪽에 군살이 생긴다.

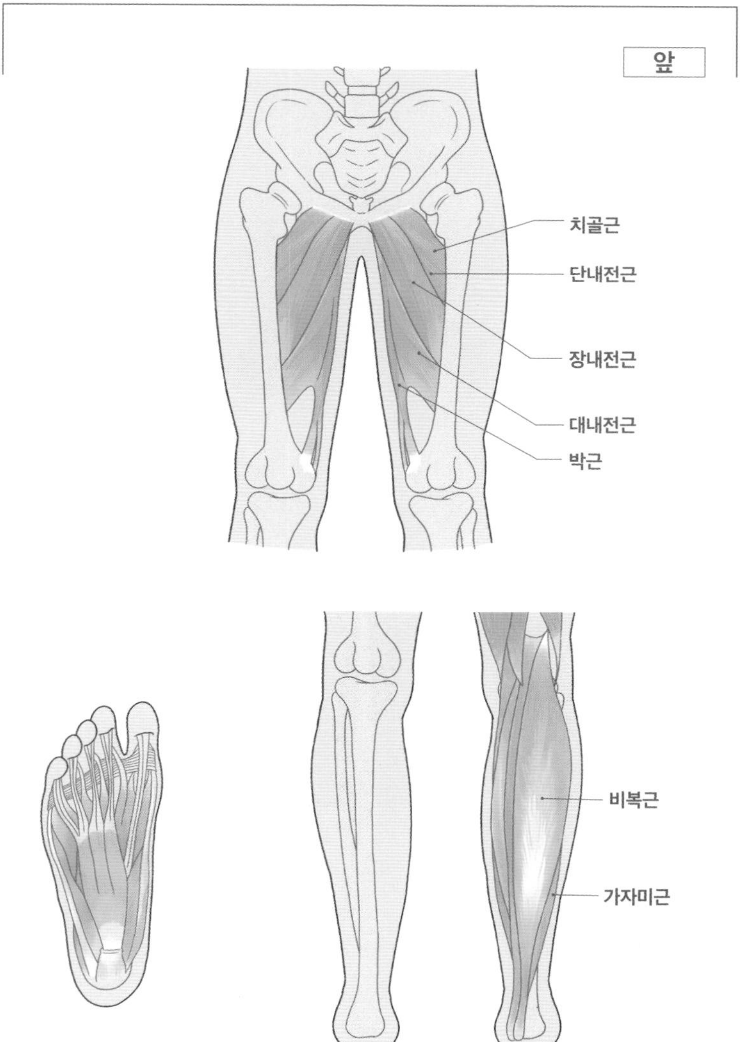
앞
치골근
단내전근
장내전근
대내전근
박근
비복근
가자미근
발 내재근
뒤

서서 발뒤꿈치 들기

1 발끝을 벌리고 팔자 다리로 선다. 양손은 골반 위에 올린다.

2 자세를 유지하면서 양발의 뒤꿈치를 동시에 들었다 내린다. 10회 반복한다.

운동 부위 : 비복근, 가자미근, 내전근, 발 내재근
운동 효과 : 종아리 근육 강화, 발 내재근 강화

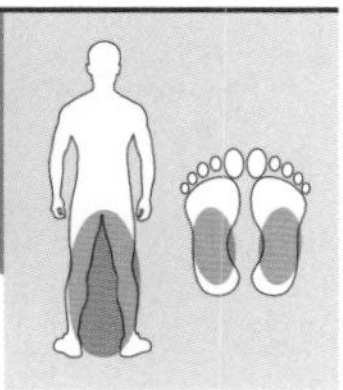

advice

발목에 통증이 있거나 불안정할 경우 벽이나 의자 등을 가까이 두어 지지할 수 있는 환경에서 동작을 진행한다.

3 이번에는 두 발을 앞뒤로 벌리고 선다. 양손은 골반 위에 올린다.
4 몸이 흔들리지 않게 유의하면서 양발의 뒤꿈치를 동시에 들었다 내린다.
5 10회 반복한 후 양발의 위치를 바꿔 같은 방법으로 실시한다.

의자 잡고 발뒤꿈치 들기

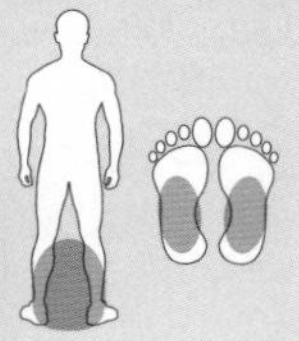

운동 부위 : 비복근, 가자미근, 발 내재근
운동 효과 : 종아리 근육 강화, 발 내재근 활성화

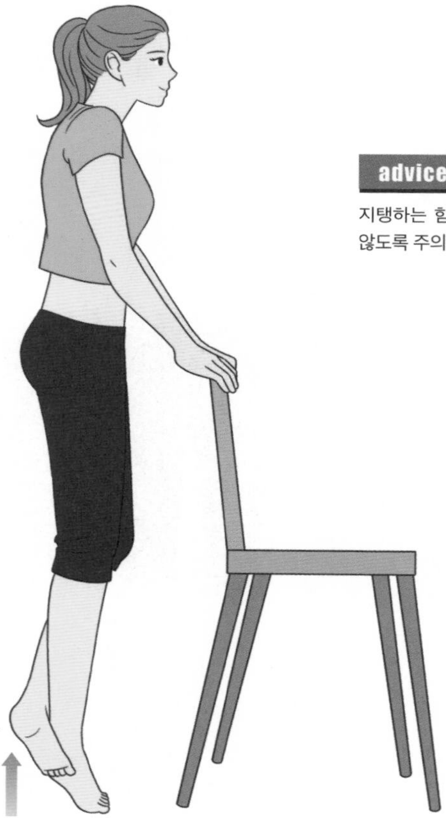

advice

지탱하는 힘에 의자가 흔들리지 않도록 주의한다.

1 양손으로 의자 등받이를 잡고 선 뒤 왼발을 오른쪽 발목 뒤로 댄다.

2 오른발 뒤꿈치를 들었다 내린다.

3 10회 반복한 후 양발의 위치를 바꿔 같은 방법으로 실시한다.

의자 잡고 발가락 바운스

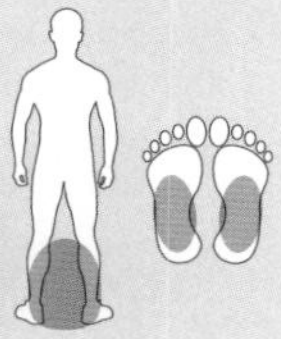

운동 부위 : 비복근, 가자미근, 발 내재근
운동 효과 : 종아리 근육 강화, 발목 유연성 향상

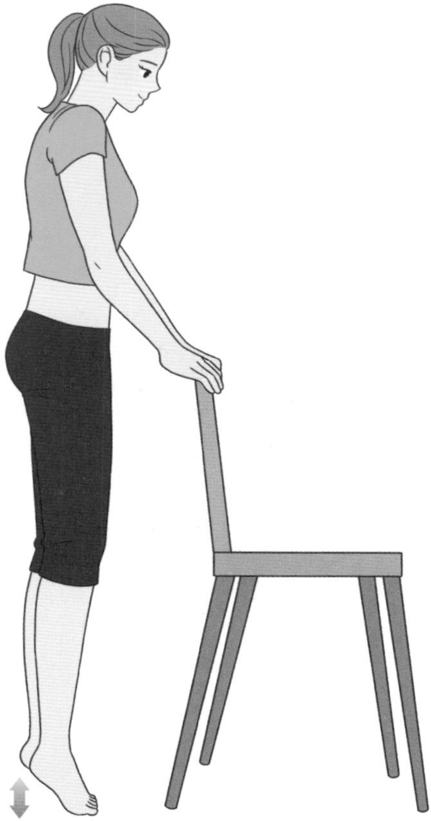

1 양손으로 의자 등받이를 잡고 두 발을 모아 선다.

2 양발의 뒤꿈치를 들어 올린 상태에서 발가락을 들었다 내리며 바운스를 준다.

3 5초간 동작을 한 뒤 잠시 휴식을 취했다 10회 반복한다.

양발 뒤꿈치 번갈아 들어 올리기

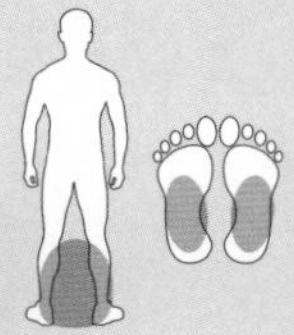

운동 부위 : 비복근, 가자미근, 발 내재근

운동 효과 : 종아리 근육 강화, 발 내재근 강화, 발목 경직 해소

advice

균형을 잃으면 넘어질 수 있으므로 천천히 반복하며 조금씩 속도를 높인다.

1 두 발을 어깨너비로 벌리고 서서 양손을 골반 위에 올린다.

2 오른발 뒤꿈치를 들어 올린 후 내리면서 동시에 왼발 뒤꿈치를 들어 올린다.

3 양발 뒤꿈치를 번갈아 들어 올렸다 내리는 동작을 1분간 반복한다.

양발 뒤꿈치 리드미컬하게 동시에 들었다 내리기

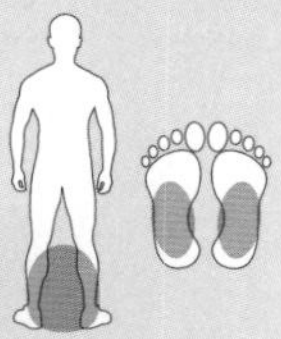

운동 부위 : 비복근, 가자미근, 발 내재근

운동 효과 : 종아리 근육 강화, 발 내재근 강화, 발목 근력 강화

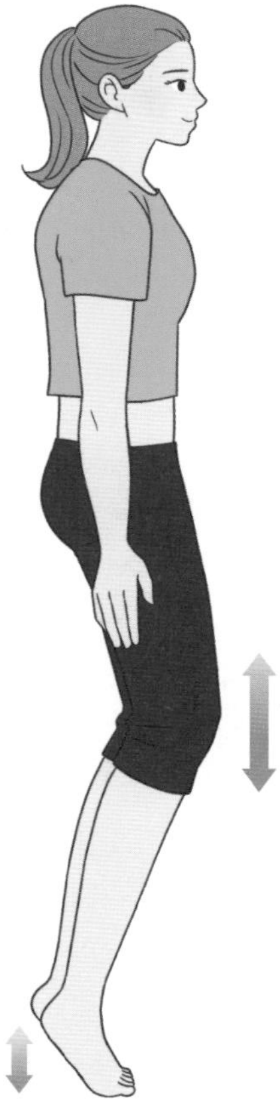

advice

어깨가 너무 들썩이지 않게 주의한다. 무릎에 통증이 있으면 속도와 시간을 줄인다.

1 두 발을 어깨너비로 벌리고 서서 양팔을 쭉 편다.

2 양발의 뒤꿈치를 들어 올린 상태에서 무릎을 사용해 발뒤꿈치만 아래위로 왔다 갔다 하듯 살짝살짝 콩콩 뛴다.

3 1분간 반복한다.

근육 부자만 알고 있는

전신 근력 운동

☑ 상체

☑ 하체

☑ 기능성 근력

전신 근력 키우는 복합 운동

상체

상체 기본 근력을 키우려면 어깨와 등, 가슴, 팔, 코어의 힘을 동시에 키우는 복합 운동을 해야 한다. 승모근, 전거근, 광배근 등을 단련하면 어깨와 등, 견갑골, 겨드랑이 쪽에 발생하는 통증을 개선할 수 있다. 가슴 근육인 대흉근, 소흉근과 팔 근육인 상완이두근, 상완삼두근을 강화하면 떡 벌어진 어깨를 장착할 수 있을 뿐 아니라 어깨 안정화까지 얻을 수 있다. 또한 상체의 굴곡근과 신전근을 균형감 있게 강화하면 관절을 보다 편하고 자유롭게 움직이는 게 가능하다.

상체 운동으로 제안하는 동작은 모두 일상에서 쉽게 할 수 있도록 단순하게 구성했다. 일부러 시간을 내고 비용을 지불하며 운동하지 않아도 된다. 평소 집이나 사무실에서 조금씩 꾸준히 할 수 있기를 바라는 마음을 담았다. 무엇보다 운동을 생활화하는 것이 가장 중요하다. 움직임에 익숙한 몸과 신경을 민감하게 깨우는 활동이야말로 부상을 예방하고 활기찬 근육을 지키는 필수 요소이기 때문이다.

손바닥으로 벽 밀기

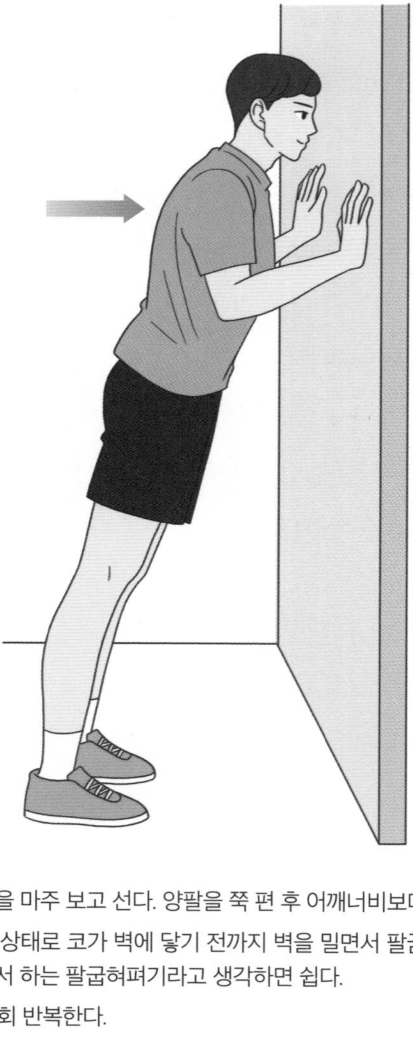

PLUS EXERCISE

벽 밀기 점프

이번에는 벽 밀기 자세에서 팔꿈치를 굽혔다가 쭉 펼 때 손바닥으로 벽을 튕기듯 밀어낸다. 1분간 가볍고 리듬감 있게 손바닥으로 점프하듯 벽을 밀어낸다. 그러면 가슴과 어깨 근육, 상완이두근, 상완삼두근이 강화될 뿐 아니라 근육의 탄력과 어깨의 동적 안정성이 향상된다.

1 벽을 마주 보고 선다. 양팔을 쭉 편 후 어깨너비보다 약간 넓게 손바닥으로 벽을 짚는다.

2 그 상태로 코가 벽에 닿기 전까지 벽을 밀면서 팔꿈치를 굽혔다가 쭉 편다. 바닥 대신 벽에서 하는 팔굽혀펴기라고 생각하면 쉽다.

3 10회 반복한다.

운동 부위 : 대흉근, 소흉근, 전거근, 상완삼두근, 코어 근육
운동 효과 : 가슴과 팔 근육 강화, 어깨 안정화

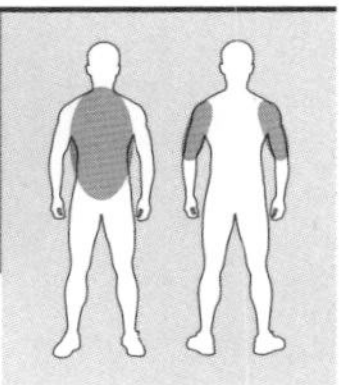

advice

어깨에 통증이 느껴지면 벽과 더 가깝게 서서 동작을 진행한다.

4 이번에는 벽 밀기 자세에서 왼손으로 벽을 짚고, 오른팔은 구부려 허리 뒤에 댄다.

5 왼손으로 벽을 밀면서 코가 벽에 닿기 전까지 팔꿈치를 굽혔다가 쭉 편다.

6 10회 반복한 후 반대쪽도 같은 방법으로 실시한다.

테이블 잡고 팔굽혀펴기

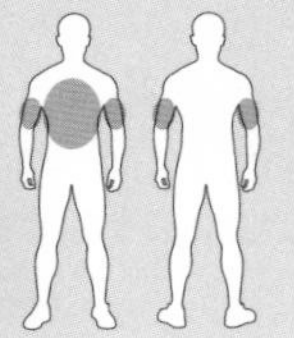

운동 부위 : 대흉근, 소흉근, 전거근, 상완이두근, 상완삼두근

운동 효과 : 가슴과 팔 근육 강화, 소흉근 이완 및 활성화

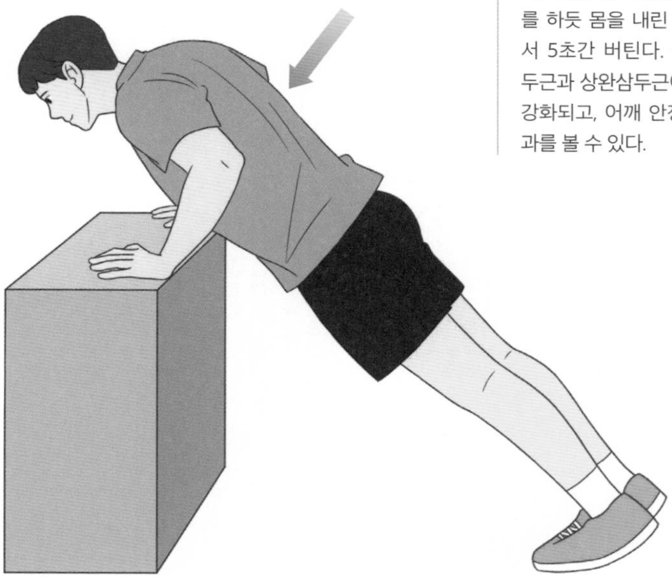

PLUS EXERCISE

테이블 잡고 팔굽혀펴기 한 상태로 버티기

테이블을 잡고 팔굽혀펴기를 하듯 몸을 내린 상태에서 5초간 버틴다. 상완이두근과 상완삼두근이 더욱 강화되고, 어깨 안정화 효과를 볼 수 있다.

1 테이블을 앞에 두고 크게 한 걸음 떨어져 선 뒤 두 발을 모은다.

2 양팔을 어깨너비로 벌려 양손으로 책상을 잡은 후 팔굽혀펴기를 하듯 팔꿈치를 굽혀 몸을 그대로 내렸다가 올라온다.

3 10회 반복한다.

테이블 뒤로 잡고 앉았다 일어서기

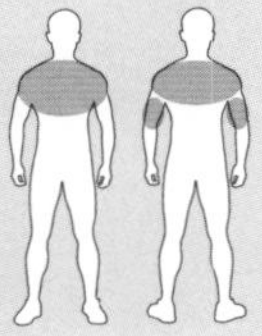

운동 부위 : 대흉근, 상완삼두근, 중부 승모근, 어깨 안정근
운동 효과 : 팔 근육 강화, 삼각근 강화, 어깨 안정화

advice

척추의 정렬 상태를 바르게 유지하며 동작을 진행한다. 어깨와 팔꿈치, 손목 등 관절에 통증이 느껴지는 경우 통증이 없는 범위부터 시작해 서서히 동작 범위를 넓혀 나간다.

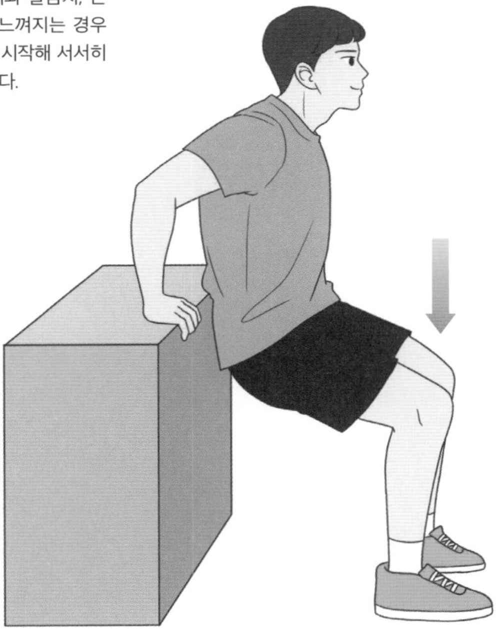

1 테이블을 등지고 반 발짝 떨어져 선 뒤 양팔을 뒤로 뻗어 테이블을 잡는다. 이때 테이블이 낮으면 무릎을 살짝 구부린다.

2 양팔에 힘을 주고 무릎을 살짝 구부리며 아래로 내려갔다 올라온다.

3 10회 반복한다.

생수병 잡고 양팔 들어 올리기

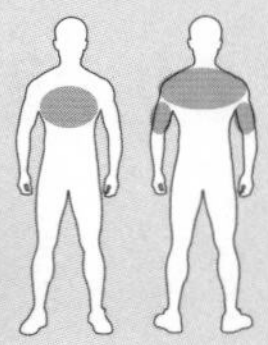

운동 부위 : 승모근, 삼각근, 소흉근, 상완삼두근

운동 효과 : 어깨 근육과 팔 뒤쪽 근육 강화, 어깨 안정화

1 척추를 정렬하고 바르게 선 뒤 몸 앞에서 양손으로 1L 생수병 양 끝을 잡는다.

2 생수병 잡은 양손을 머리 위로 쭉 밀어 올렸다 내린다.

3 10회 반복한다.

생수병 뚜껑 잡고 버티기

운동 부위 : 전완근, 손가락 굴곡근
운동 효과 : 전완근과 손가락 근육 강화

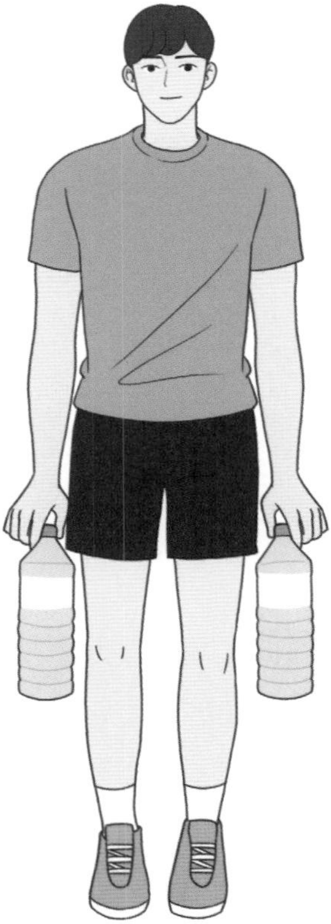

advice

생수병을 들 때 가벼운 무게로 시작해 점점 무게를 늘린다. 만약 가장 가벼운 무게에서 버티기가 어렵다면 시간을 줄이고 횟수를 늘린다.

1 척추를 정렬하고 바르게 선다.

2 양손의 엄지와 검지로 1L 생수병 뚜껑을 잡는다.

3 10초간 자세를 유지한다. 10초 버티는 게 가능하면 시간을 조금씩 늘린다.

전신 근력 키우는 복합 운동

하체

하체 근력은 균형과 보행 능력을 유지하는 데 필수적이다. 따라서 하체 기본 근력을 키우려면 고관절과 무릎관절 주변 근육, 종아리에 있는 비복근과 가자미근, 발 내재근 등 하체의 중심 근육을 단련하는 운동이 필요하다. 하체 운동은 무릎관절의 가동력을 높여 굽히고 펴는 움직임을 원활하게 하고, 근육과 관절이 고유의 기능을 수행하는 데 걸림이 없도록 만드는 게 목표다. 특히 고관절의 기능을 되살리는 것이 무엇보다 중요하다. 골반을 몸의 중심으로 세우고 척추기립근과 둔근의 지원을 받아 인체의 직립과 보행 등 기본 활동을 하는 데 매우 중요한 역할을 하기 때문이다.

여기에서 제안하는 모든 동작은 균형감각 향상과 몸통 안정화라는 큰 목표를 제대로 수행할 수 있도록 구성했다. 균형감각과 몸통 안정화는 신체의 활동력을 높이는 동시에 부상의 위험을 줄이는 데 핵심이다.

하체 근육을 단련하는 이 동작들은 가정이나 직장에서 별다른 도구 없이 언제든 시도할 수 있다. 동작을 반복하거나 난이도를 조절하면서 조금씩 역치를 높여가면 더 큰 효과를 얻을 수 있다.

다리 높이 끌어올리기

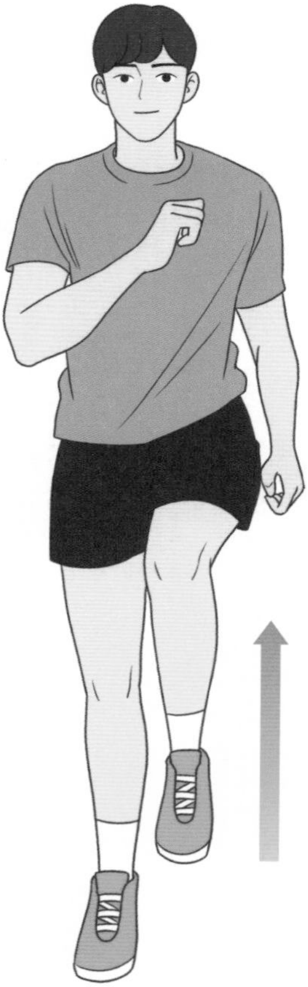

advice

전신의 정렬을 바르게 유지하며 몸의 중심축을 느끼면서 다리를 움직인다. 고관절에 통증이 있는 경우 무리가 가지 않는 높이까지만 다리를 올린다.

1 바른 자세로 서서 양손은 가볍게 주먹을 쥔다.

2 왼쪽 다리를 최대한 높이 들어 올렸다가 내린다. 이때 오른손도 왼쪽 다리와 함께 왼쪽 가슴 앞으로 크게 올렸다 내린다.

3 발을 바꿔 오른쪽 다리를 높이 들어 올렸다가 내린다. 1분간 두 다리를 번갈아 가며 높이 들어 올렸다 내린다.

운동 부위 : 장요근, 봉공근, 내전근, 대퇴사두근, 햄스트링, 둔근
운동 효과 : 허벅지 근육과 고관절 주변 근육 강화, 균형감각 향상

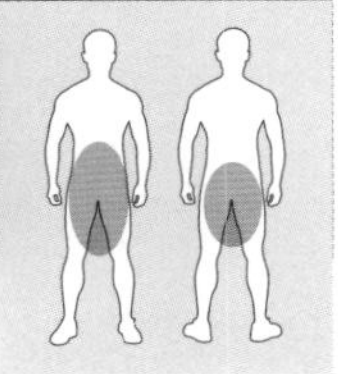

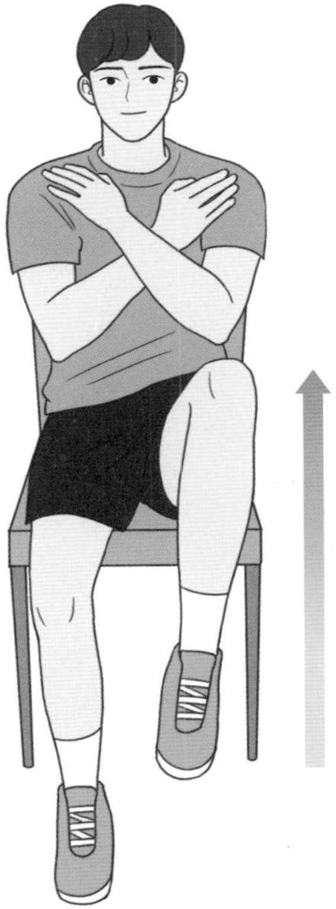

advice

다리를 들어 올릴 때 균형을 잡지 못할 경우 양손으로 의자를 가볍게 잡은 상태에서 진행한다.

4 이번에는 등받이가 있는 의자에 앉아 양손을 가슴 앞에서 교차해 어깨 위에 가볍게 얹는다.

5 왼쪽 다리를 최대한 높이 들어 올렸다가 내린다.

6 발을 바꿔 오른쪽 다리를 높이 들어 올렸다가 내린다. 1분간 두 다리를 번갈아 가며 높이 들었다 내린다.

엉덩이 뒤로 쭉 밀었다 일어서기

운동 부위 : 척추기립근, 둔근, 햄스트링, 박근, 슬와근
운동 효과 : 척추기립근 활성화, 엉덩이 근육과 허벅지 근육 강화

advice

허리가 과하게 굽거나 휘지 않도록 척추의 바른 정렬을 유지한다. 허리 통증이 있거나 동작이 잘 나오지 않는다면 통증이 느껴지지 않는 범위 내에서 움직인다.

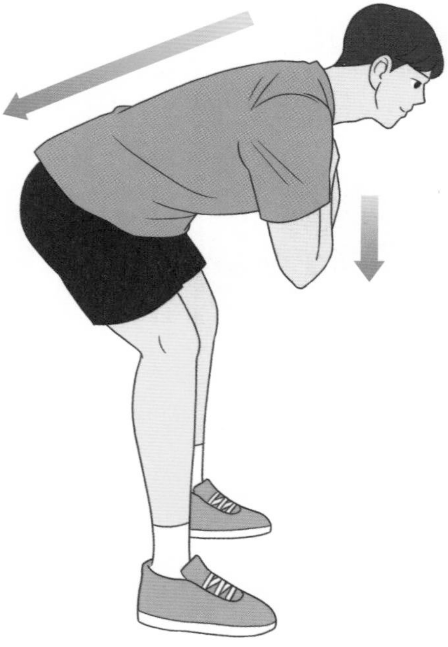

1 두 발은 어깨너비로 벌리고 선 뒤 양손은 가슴 앞에서 교차해 어깨 위에 가볍게 얹는다.
2 엉덩이를 뒤로 쭉 밀면서 상체를 그대로 내렸다가 올라온다. 이때 무릎을 살짝 굽히되 발끝보다 앞으로 나오지 않도록 신경 쓴다.
3 10회 반복한다.

한 계단 올라갔다 내려오기

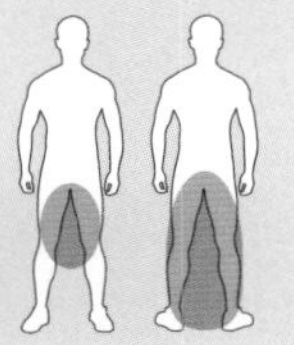

운동 부위 : 둔근, 대퇴근막장근, 대퇴사두근, 비복근, 가자미근
운동 효과 : 허벅지 근육과 종아리 근육 강화, 균형감각 향상

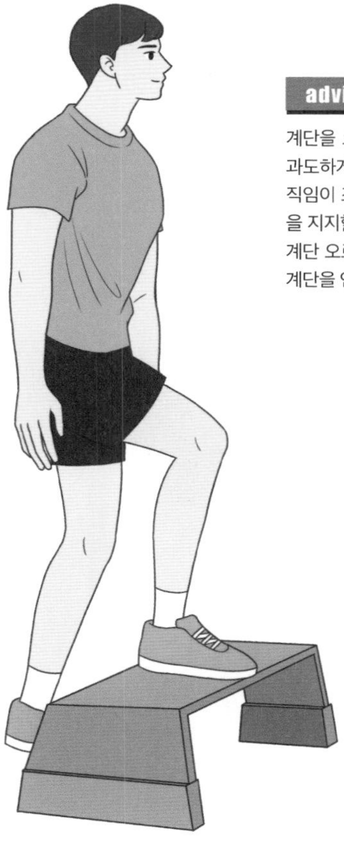

advice

계단을 오르내릴 때 무릎이 안과 밖으로 과도하게 흔들리지 않도록 주의한다. 움직임이 조절되지 않는 경우 손을 짚어 몸을 지지할 수 있는 환경에서 실시한다. 한 계단 오르기가 잘 되면 같은 방법으로 두 계단을 연속으로 올랐다가 내려온다.

1 스텝박스를 앞에 두고 선 뒤 오른발을 먼저 위로 올리고 왼발도 따라 올린다.

2 먼저 올린 오른발부터 바닥으로 내린 후 왼발도 따라 내린다.

3 이 동작을 리듬감 있게 10회 반복한다.

4분의 1 스쿼트

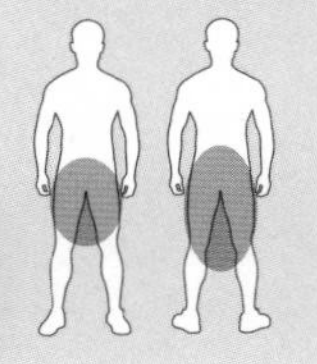

운동 부위 : 둔근, 장요근, 대퇴사두근, 내전근, 햄스트링, 박근
운동 효과 : 허벅지 앞뒤 근육과 엉덩이 근육 강화

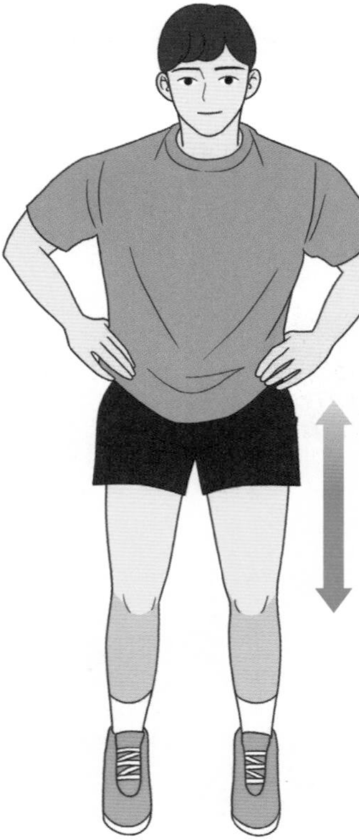

advice

무릎에 부담이 될 수 있으므로 가볍게 무릎을 굽혔다 펴는 식으로 진행한다.

1 두 발을 어깨너비로 벌리고 선 뒤 양손을 골반 위에 올린다.

2 무릎을 굽히며 천천히 내려갔다가 올라온다. 이때 기본 스쿼트의 4분의 1 정도만 앉았다 일어난다.

3 10회 반복한다.

다리 모아 미니 스쿼트

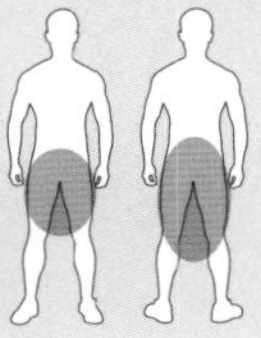

운동 부위 : 둔근, 장요근, 대퇴사두근, 내전근, 햄스트링, 박근

운동 효과 : 허벅지 앞뒤 근육과 엉덩이 근육 강화, 무릎관절 안정성 향상

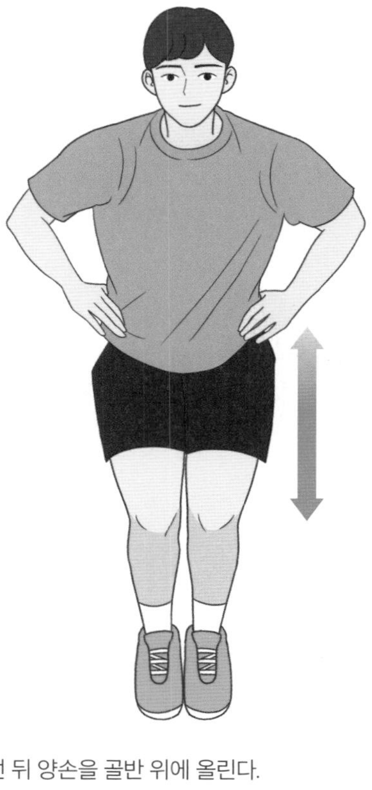

advice

불편함 없이 움직일 수 있는 범위 내에서 실시하되 점진적으로 앉는 범위를 늘려간다.

1 두 발을 모으고 선 뒤 양손을 골반 위에 올린다.

2 무릎이 벌어지지 않도록 붙인 상태에서 무릎을 굽히며 천천히 내려갔다가 올라온다. 자세가 흐트러지지 않는 선에서 최대한 깊이 앉았다 일어난다.

3 10회 반복한다.

한 발 뒤로 빼며 스쿼트

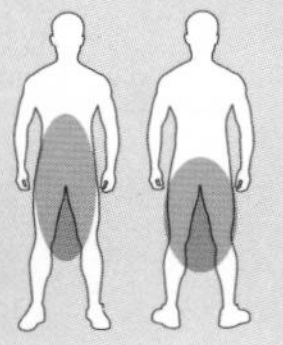

운동 부위 : 둔근, 대퇴사두근, 대퇴근막장근, 햄스트링, 슬와근, 코어 근육

운동 효과 : 허벅지 앞뒤 근육과 엉덩이 근육 강화, 균형감각 향상

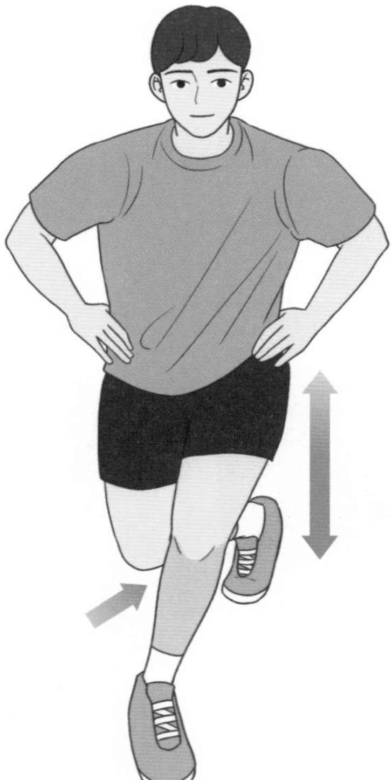

advice

발을 과도하게 뒤로 보내지 않는다. 무릎이 불편하지 않은 범위 내에서 움직이며, 점진적으로 움직임의 범위를 늘려간다.

1 두 발을 어깨너비로 벌리고 선 뒤 양손을 골반 위에 올린다.

2 오른발을 뒤로 빼면서 무릎을 굽혔다가 일어선다. 반대쪽 발도 같은 방법으로 실시한다.

3 양쪽 번갈아 가며 10회 반복한다.

미니 런지

운동 부위 : 둔근, 대퇴사두근, 햄스트링, 코어 근육
운동 효과 : 허벅지 앞뒤 근육과 코어 근육 강화, 균형감각 향상

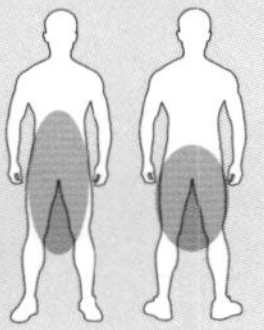

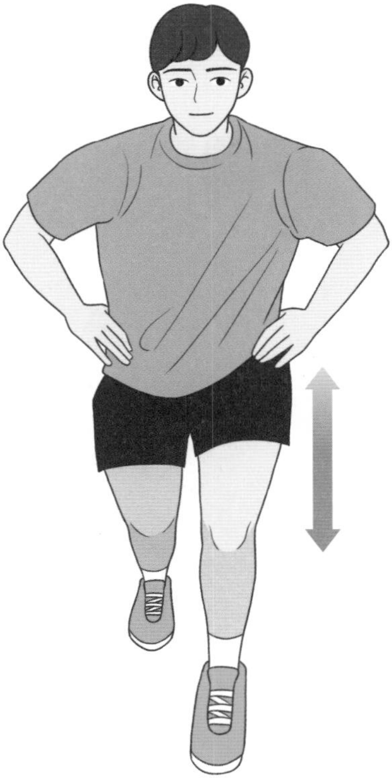

advice

무릎을 구부릴 때 척추의 바른 정렬을 유지하며 허리가 과하게 굽거나 휘지 않도록 주의한다. 무릎이 발보다 안쪽에 위치하면 통증이 느껴질 수 있다.

1 양손을 골반 위에 올리고 두 발을 어깨너비로 벌리고 선 뒤 왼발을 앞으로 크게 내디딘다. 이때 오른발은 뒤꿈치를 살짝 든 상태다.

2 양쪽 무릎을 살짝 굽혀 몸을 가볍게 내렸다가 올라온다. 일반적인 런지는 앞쪽 무릎을 90도가 될 때까지 굽히는데, 여기에서는 살짝만 굽힌다.

3 10회 반복한 후 발을 바꿔 같은 방법으로 실시한다.

의자 잡고 뒤꿈치 들며 스쿼트

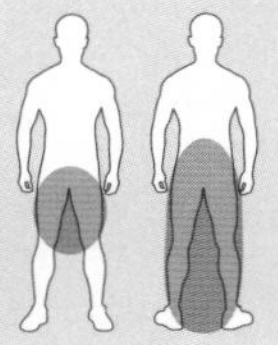

운동 부위 : 둔근, 대퇴사두근, 햄스트링, 하퇴 삼두근, 발 내재근

운동 효과 : 허벅지 앞뒤 근육과 종아리 근육 강화, 발 내재근 활성화

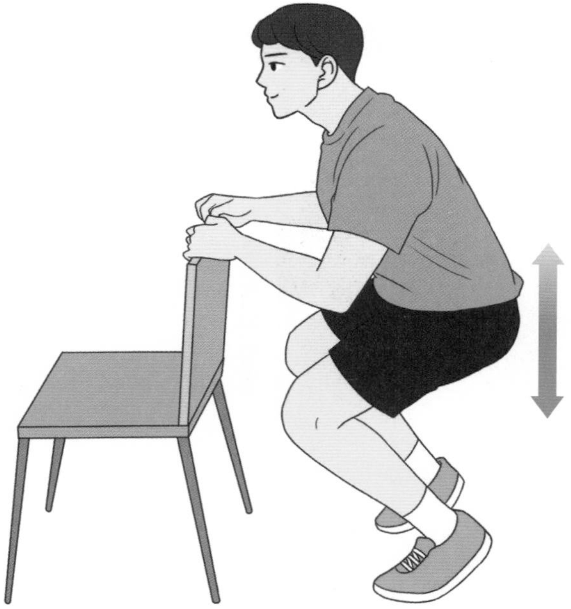

1 양손으로 의자 등받이를 잡고 선 뒤 두 다리를 어깨너비로 벌린다. 이때 발끝은 사선 방향을 향하게 한다.

2 양발의 뒤꿈치를 들어 올린 후 발뒤꿈치가 바닥에 닿지 않도록 주의하면서 무릎을 굽혀 앉았다가 일어난다.

3 10회 반복한다.

의자 잡고 한 발로 스쿼트

운동 부위 : 둔근, 대퇴사두근, 햄스트링, 하퇴 삼두근, 발 내재근
운동 효과 : 허벅지 앞뒤 근육·종아리 근육·발목 강화, 균형감각 증진

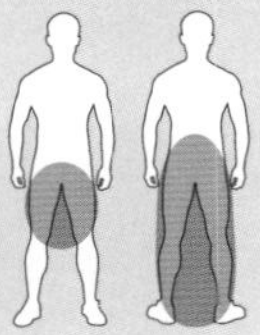

advice

무릎이 불편하지 않은 범위 내에서 실시한다. 균형을 잘 잡을 수 있도록 의자를 잡고 하되, 점진적으로 의자의 의존도를 줄인다.

1 양손으로 의자 등받이를 잡고 선 뒤 왼발을 든다.

2 오른쪽 무릎을 굽히며 의자를 잡고 최대한 깊이 앉았다가 일어난다.

3 10회 반복한 후 반대쪽도 같은 방법으로 실시한다.

전신 근력 키우는 복합 운동

기능성 근력

일상생활을 하는 데 반드시 필요한 근육을 발달시켜 보자. 장바구니를 들거나 택배 상자를 들어 옮기거나, 선반에 물건을 올리고 내리는 일처럼 사소한 활동을 쉽고 효율적으로 수행하려면 신체 능력을 향상시켜야 한다.

이를 위해 신체 전반적인 근력과 안정성, 조정력을 높일 수 있는 동작으로 구성했다. 흔들고 뛰고 점프하는 것처럼 일상적인 활동을 모방한 동작부터 관절의 유연한 움직임을 구현할 수 있는 훈련까지 포함하고 있다.

이 운동들은 모든 근육이 조화롭게 작동함으로써 몸통 안정화는 물론 유연성, 민첩성, 순발력 등을 향상시키고 자신감을 충전시켜 준다. 특정 근육을 단독으로 고립시켜 단련하는 운동이 아니라 동시에 여러 근육을 자극하는 방식이기 때문에 단시간 내에 다양한 효과를 거둘 수 있다. 전반적인 운동 신경과 신체 활동의 향상 등 성과를 얻고 싶다면 지금 바로 시작해보자.

의자 잡고 앞뒤 양옆으로 다리 흔들기

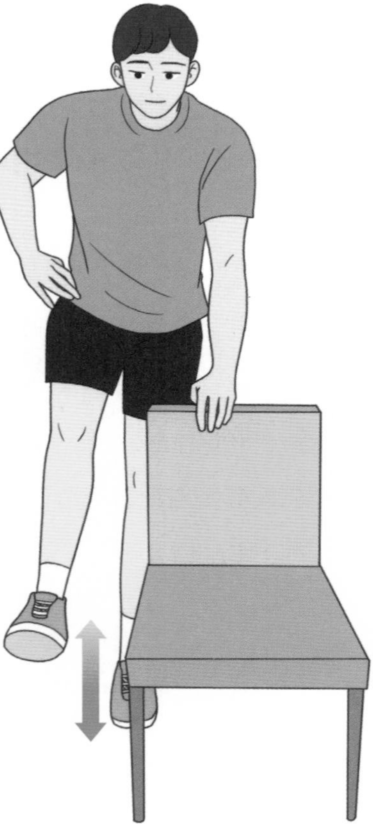

1 의자 뒤에 서서 왼손으로 의자 등받이를 잡고 오른손은 골반 위에 얹는다.

2 척추의 정렬을 바르게 유지하면서 오른쪽 다리를 들어 앞뒤로 흔든다. 이때 몸통과 다리에 과도한 힘을 주지 말고 스윙하듯 가볍게 다리를 움직인다.

3 10회 반복한다.

운동 부위 : 둔근, 장요근, 내전근, 대퇴직근, 몸통 안정화 근육
운동 효과 : 고관절 외전근과 내전근의 유기적인 협응력 및 유연성 향상, 몸통 안정화 근육 강화, 균형감각 개선

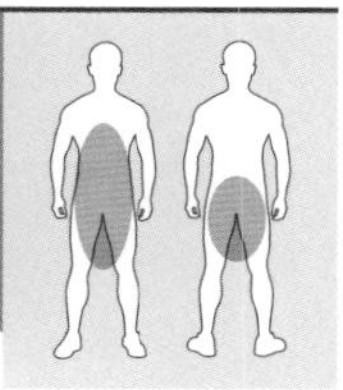

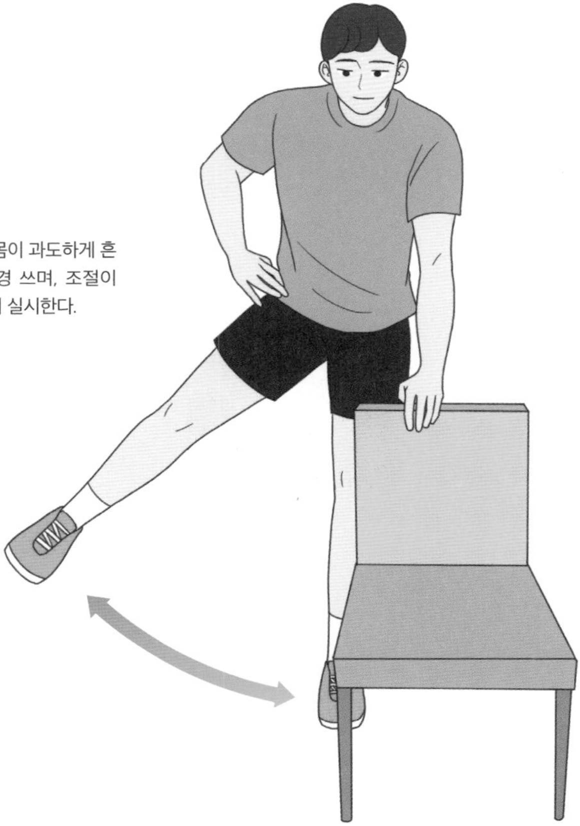

advice

다리가 움직일 때 몸이 과도하게 흔들리지 않도록 신경 쓰며, 조절이 가능한 범위 내에서 실시한다.

4 이번에는 오른쪽 다리를 들어 양옆으로 흔든다. 척추의 정렬을 바르게 유지하며 스윙하듯 가볍게 움직인다.

5 10회 반복한 후 발을 바꿔 앞뒤로 10회, 양옆으로 10회 다리를 흔든다.

사이드 스텝 스쿼트

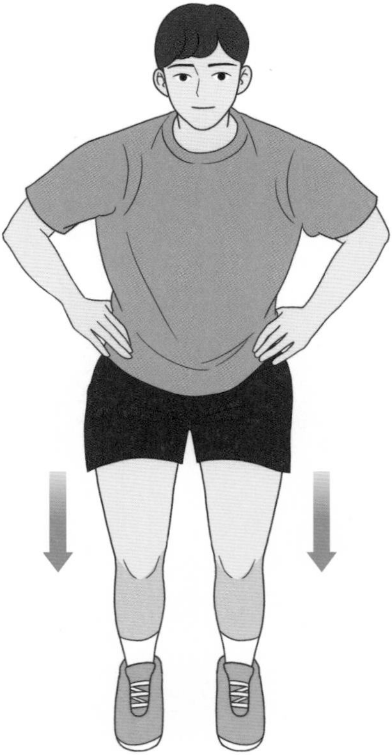

1 두 발을 어깨너비로 벌리고 선 뒤 양손을 골반 위에 올린다.

2 양쪽 무릎을 살짝 구부린다.

운동 부위 : 둔근, 장요근, 대퇴사두근, 내전근, 햄스트링, 박근
운동 효과 : 허벅지 앞뒤 근육과 엉덩이 근육 강화, 고관절 안정성 증대

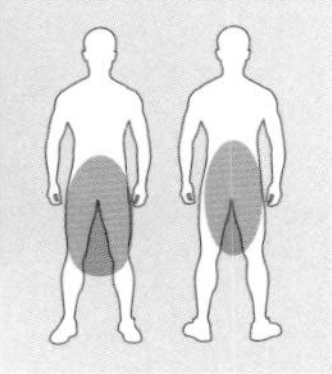

advice

척추가 과하게 굽거나 휘지 않도록 바르게 정렬을 유지하면서 옆으로 움직인다.

3 스쿼트 자세를 유지하면서 오른쪽으로 한 발 갔다가 제자리로 돌아온다. 다시 왼쪽으로 한 발 갔다가 제자리로 돌아온다.

4 좌우로 한 발씩 움직이는 동작을 10회 반복한다.

리듬 스쿼트

운동 부위 : 둔근, 장요근, 대퇴사두근, 대퇴근막장근, 내전근, 햄스트링, 박근
운동 효과 : 허벅지 앞뒤 근육 강화 및 탄력 향상, 반사적인 근력 향상

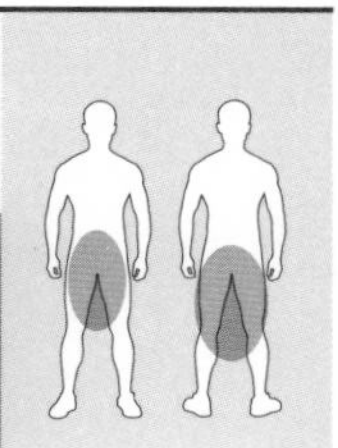

advice

일정한 리듬을 가지고 무릎을 위아래로 움직이며, 가볍게 튕기듯 동작을 수행한다.

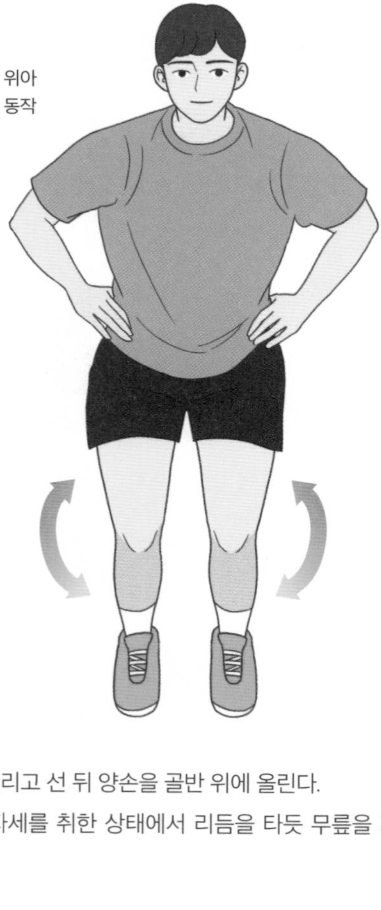

1 두 발을 어깨너비로 벌리고 선 뒤 양손을 골반 위에 올린다.

2 무릎을 굽혀 스쿼트 자세를 취한 상태에서 리듬을 타듯 무릎을 가볍게 위아래로 움직인다.

3 10회 반복한다.

스쿼트 점프

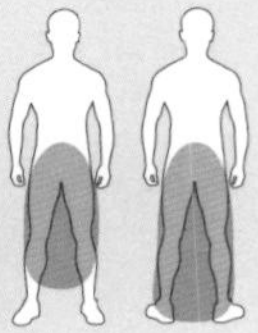

운동 부위 : 둔근, 장요근, 대퇴사두근, 대퇴근막장근, 내전근, 햄스트링, 비복근, 가자미근, 전경골근, 발 내재근

운동 효과 : 허벅지 앞뒤 근육과 종아리 근육 강화, 근육의 탄력 향상

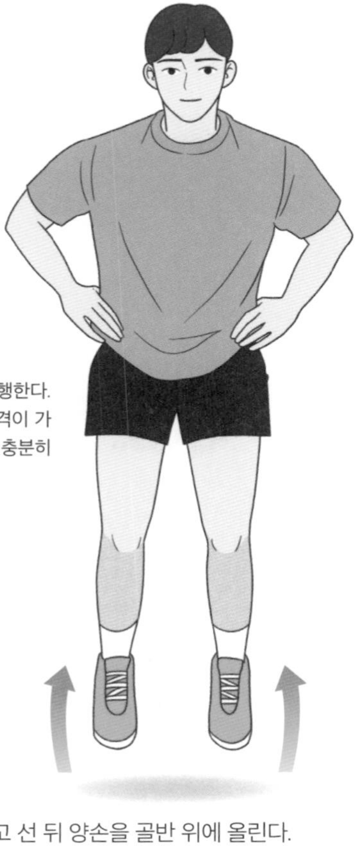

advice

스쿼트 동작이 익숙해진 후에 진행한다. 점프 후 착지할 때 무릎관절에 충격이 가지 않도록 발목과 무릎, 고관절을 충분히 구부린다.

1 두 발을 어깨너비로 벌리고 선 뒤 양손을 골반 위에 올린다.

2 무릎을 굽혀 스쿼트 자세를 취한 상태에서 발을 떼지 않고 리듬을 타듯 무릎을 위아래로 3회 움직인 후 발을 떼며 가볍게 점프한다.

3 3회 리듬 스쿼트하고 점프하는 동작을 10회 반복한다.

다리 앞뒤로 움직이며 갈까 말까 하기

1 두 발을 어깨너비로 벌리고 선다.

2 양팔은 쭉 뻗어 가볍게 주먹을 쥔다.

운동 부위 : 둔근, 장요근, 대퇴사두근, 대퇴근막장근, 전경골근, 비복근, 가자미근, 장·단비골근, 발 내재근

운동 효과 : 하체 근육의 유기적인 협응력 향상, 균형감각 향상

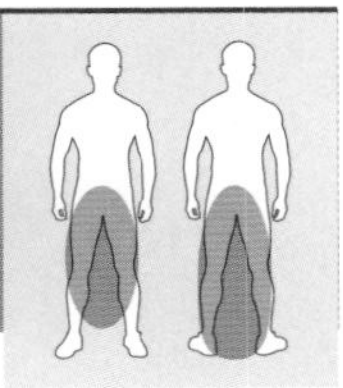

advice

다리를 앞뒤로 보낼 때 일정한 리듬을 가지고 실시한다. 너무 빠르거나 너무 느리면 몸의 균형을 잃을 수 있다.

3 왼발을 앞으로 내디디며 '갈까'의 자세를 취했다가 다시 뒤로 보내 '말까'의 자세를 취한다. 이때 발은 바닥에 닿지 않아야 하며, 양팔은 자연스럽게 걷듯 움직인다.

4 갈까 말까 동작을 1분간 반복한 후 반대쪽 발도 같은 방법으로 실시한다.

발 바꾸며 점프 런지

1 양손을 골반 위에 올리고 두 발을 어깨너비로 벌리고 선 뒤 오른발을 앞으로 크게 내디딘다. 이때 왼발은 뒤꿈치를 살짝 든 상태다.

2 앞으로 내디딘 오른쪽 다리의 무릎이 90도 각도가 될 때까지 상체를 내려 런지 자세를 취한다. 뒤에 놓인 왼쪽 다리의 무릎은 바닥에 닿지 않아야 한다.

운동 부위 : 둔근, 장요근, 대퇴사두근, 대퇴근막장근, 햄스트링, 내전근, 박근, 슬와근, 비복근, 가자미근
운동 효과 : 하체 근육의 유기적인 협응력 강화, 균형감각 향상, 하체 근육의 탄력 향상

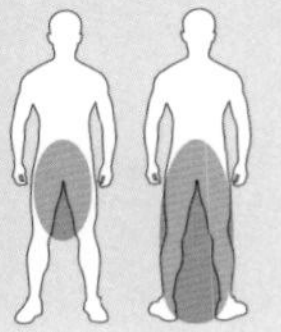

advice

가볍게 점프하며 무릎에 불편함이 느껴지지 않는 범위 내에서 동작을 실시한다. 균형을 잡기 힘든 경우 벽에 손을 대고 실시해도 좋다.

3 점프하듯 앞의 다리와 뒤의 다리를 바꿔 런지 자세를 취한다.

4 다리 바꾸는 런지 동작을 1분간 반복한다.

EBS 클래스 ⓔ 시리즈 43

연금처럼 근육 리셋

1판 1쇄 발행 2023년 12월 30일

지은이 홍정기

펴낸이 김유열
편성센터장 김광호 | **지식콘텐츠부장** 오정호
단행본출판팀 · 기획 장효순, 최재진, 서정희 | **마케팅** 최은영 | **제작** 정봉식
북매니저 윤정아, 이민애, 정지현, 경영선

책임편집 장문정 | **디자인** 정윤경 | **일러스트** 임희 | **인쇄** 우진코니티

펴낸곳 한국교육방송공사(EBS)
출판신고 2001년 1월 8일 제2017-000193호
주소 경기도 고양시 일산동구 한류월드로 281
대표전화 1588-1580 **홈페이지** www.ebs.co.kr
이메일 ebsbooks@ebs.co.kr

ISBN 978-89-547-8114-5 04300
978-89-547-5388-3 (세트)